청소년을 위한
세계경제원론

02
금융 시장

지은이 **애론 힐리**

애론 힐리(Aaron Healey)는 다양한 매체에 경제·경영 관련 글을 기고하고 있으며, 최근의 주된 관심사는 세계 경제이다. 글을 쓰지 않을 때는 취미로 서핑과 자전거 타기, 요리를 즐긴다. 미국 시카고에서 아내와 아들과 함께 고양이를 키우며 살고 있다.

원서 감수 **마이클 밀러**

마이클 밀러(Michael Miller)는 미국 일리노이주 드폴(DePaul) 대학교의 경제학과 부교수이며 대학에서 우수 강의평가상을 수상하기도 했다. 미국 시카고의 라디오와 텔레비전 방송을 통해 미시경제와 미국의 금융 정책에 대한 다수의 인터뷰를 진행하고 있다.

옮긴이 **김시래, 유영채**

옮긴이 김시래는 충남 당진 출신으로 대전고와 서울대, 아주대 경영대학원(MBA)을 졸업하고 미국 일리노이대 경영대학원(SPIM)을 수료했다. 1988년 중앙일보에 입사해 편집국 산업·경제 담당 기자와 이코노미스트 편집장을 거쳐 현재는 경제부문 에디터(부국장)로 근무 중이다.
저서로는 《어린이 경제원론》 《나는 박수 받을 줄 알았다(상, 하)》 《장보고 해양제국의 비밀》 등이 있으며, 역서로는 《우리아이 부자습관》 등이 있다.
옮긴이 유영채는 서울 출생으로 동국대 부속여고를 졸업하고 숙명여자대학교에서 영어영문학을 공부하며 전문 번역가로도 활동하고 있다.

감수 **이지만**

이지만 교수는 연세대학교 경영학과를 졸업하고 동대학원에서 석사 학위를 취득하였다. 이후 런던정치경제대학교에서 석사와 박사 학위를 받았다. 하버드대학교 한국연구소(Korea Institute)에서 객원연구원(Visiting Scholar)을, 인시아드(INSEAD) 유로아시아센터(Euro-Asia Centre)에서 연구교수(Research Fellow)를 지냈다.
현재 연세대학교에서 경영학과 교수로 재직 중이며, 연세대학교 기획실 정책부실장, 최저임금위원회 공익위원, 고용노동부 규제심사위원회 위원, 서울지방노동위원회 심판위원, 경제사회발전노사정위원회의 근로시간 특례업종 개선위원회 위원 등으로 활동하고 있다.

청소년을 위한
세계경제원론

애론 힐리 글 ㅣ 김시래, 유영채 옮김 ㅣ 이지만 감수

02
금융 시장

내인생의책

Ⅰ 이 책에는 네이버에서 제공한 나눔글꼴이 적용되어 있습니다 Ⅰ

차례

※ **굵은 글씨**로 표시된 단어는 76쪽 용어 설명에서 찾아보세요.

1. 투자의 세계

여러분이 지금 이 책을 읽는 이유는 무엇일까요? 아마도 책을 읽음으로써 유용한 지식을 얻고 싶어서겠지요. 이 책을 읽기로 결정했다면, 여러분은 시간을 '투자'한 셈입니다.

모든 **투자**에는 **위험**이 따르기 마련입니다. 이 책을 읽으면서 투자한 시간이 보람 있다면 참 좋겠지요. 하지만 책을 읽고도 아무것도 배우지 못한다면 시간만 허비했다는 생각이 들 것입니다. 여러분이 책을 읽으며 투자한 시간은 재미있는 영화를 보거나 친구와 어울릴 수 있었던 기회이기도 하니까요.

📈 위험과 보상

여러분이 시간을 투자하기로 결정할 때와 마찬가지로, 돈을 투자할 때도 어느 정도의 위험을 감수해야 합니다. 세상에는 돈을 투자할 기회로 넘쳐납니다. 하지만 기회에는 보상과 위험이 항상 뒤따른답니다.

노동해서 번 돈은 잃어버릴 위험이 전혀 없는 돈입니다.

돈을 은행에 **저축**하는 투자는 돈을 잃을 위험이 거의 없습니다. 그렇지만 이자가 적어 큰 **수익**을 기대할 수 없지요. 반면 새로운 사업에 돈을 투자하는 경우 위험은 좀 더 커집니다. 실패하면 한 푼도 못 건지는 경우가 허다합니다. 대신 사업이 성공하면 돈을 많이 벌 수 있습니다.

모든 투자 결정에는 숨은 비용(hidden cost)이 있습니다. 숨은 비용이란 한 가지 일에 투자하기로 결정해 다른 일에 투자할 수 없는 돈을 의미합니다. 경제학에서는 이를 '기회비용'이라고 부릅니다.

🔼 쉽게 돈 벌기?

누구나 쉽게 돈을 벌고 싶어 합니다. 직장에 다니며 많은 월급을 받는 사람도 더 큰 돈을 벌 수 있는 방법을 궁리하곤 하지요. 그러나 돈을 버는 일은 결코 쉽지 않습니다. 시간을 들여 힘든 노동을 해야 하기 때문이에요. 이런 경우 투자는 적은 노력으로 더 빨리 돈을 버는 방법이 되기도 합니다. 그러나 현명하지 못한 투자를 하게 되면 힘들게 벌어 놓은 돈을 다 잃어버릴 수도 있어요.

투자의 종류

기술이 발달하고 세계가 하나로 연결되면서 투자할 기회도 훨씬 많아졌습니다. 오늘날 전 세계 사람들이 어떤 식으로 돈을 투자하고 있으며 그에 따른 위험과 보상에는 어떤 것이 있는지 알아봅시다.

다양한 투자 방법

투자 방법	특징
예금	필요할 때마다 언제든 꺼내 쓸 수 있지만 이자율이 높지 않습니다.
적금	일정 기간 동안 돈을 뺄 수 없지만 예금보다 이자율이 큽니다.
채권	정부나 기업이 투자자로부터 자금을 조달하기 위해 발행하는 일종의 차용증서입니다. 투자자는 정해진 기간(만기일)이 되면 원금과 이자를 받을 수 있습니다.
주식	많은 돈을 벌 수 있는 투자 방법이나 한꺼번에 투자금을 잃을 수도 있습니다.
펀드	사람들로부터 적은 돈을 모아 그 금액으로 여러 곳에 투자해 얻은 수익을 배당금으로 나눠 주는 금융 상품입니다.
부동산	주택이나 아파트, 땅 등은 시간이 흐르면서 보통 가치가 오릅니다. 그러나 가격이 비쌀 뿐만 아니라 사고팔 때 세금을 내야 하고 팔리지 않을 땐 돈이 묶여 옴짝달싹 못할 수도 있습니다.
상품 투자 (금, 석유, 밀 등)	세계 정세나 기후 변화가 수요와 공급에 영향을 미쳐 가격이 급등하거나 급락할 수 있습니다.

2. 금융 시장

앞의 표에서 볼 수 있듯이 투자의 종류는 다양해요. 이 모두가 모여 세계 경제 시장을 이루고 있지요.

시장은 사람들이 필요한 것들을 거래할 수 있도록 해 줍니다. 시장에서 거래하는 **상품**은 과일이나 목화부터 금, 술, 집에 이르기까지 매우 다양합니다. 이때 상품의 **가격**은 팔고자 하는 사람과 사고자 하는 사람 간의 협상 끝에 결정됩니다.

🔺 시장은 어디에 있을까?

여러분은 시장이 정해진 장소에 있다고 생각할 것입니다. 물론 신발을 사고파는 가게나 돈을 대출 받거나 예금하는 은행을 생각해 보면 그렇지요.

하지만 시장이 꼭 특정한 장소에 있어야 할 필요는 없습니다. 예를 들어 사람들은 집을 나가지 않고 홈쇼핑, 카탈로그 등을 통해서도 물건을 삽니다. 특히 인터넷이 널리 사용된 후로는 집에서 쇼핑하는 것이 더욱 흔한 일이 되었지요. 이제는 미국, 영국, 아르헨티나, 대한민국 등 어디에 살든지 이베이(eBay)와 같은 사이트에서 거의 모든 물건을 사고 팔 수 있습니다.

따라서 시간과 장소에 상관없이 사람들끼리 재화나 **서비스**를 사고팔 면서 상호작용하는 곳은 모두 시장이라고 할 수 있습니다.

⬆ 금융 시장에 참여하기

금융 시장도 다른 시장과 똑같아요. 단지 이 시장에서는 돈을 사고팔 지요. '금융'이라는 말이 어렵게 느껴질 수도 있겠지만, 금융 시장은 우

쇼핑센터도 시장의 한 종류입니다.

💵 돈의 언어

앞으로 여러분은 경제 활동을 하면서 화폐, 소득, 부, 순자산 등 생소한 용어를 자주 만나게 될 거예요. 금융 시장을 이해하기 위해서는 이러한 단어의 정의나 개념을 미리 알아두는 것이 좋아요.

- 화폐 -

사람들이 원하는 것을 얻기 위해 지불하는 수단으로서 현금, 수표, 체크 카드 등이 있습니다. 한국의 화폐 단위는 '원(₩)'이며 영국은 '파운드(£)', 미국은 '달러($)', 일본은 '엔(¥)', 그리고 대부분의 유럽 국가는 '유로(€)'를 사용하고 있습니다.

화폐는 재화와 서비스의 시장 **가치**를 표시하는 기준이기도 합니다. 예를 들어 아기를 돌보거나 개를 산책시키거나 세차를 하는 것과 같은 서비스에 대해 지불하는 금액은 그 서비스의 현재 가치를 알려줍니다.

- 소득 -

소득이란 직장을 다니면서 벌어들이는 돈을 말합니다. 때로는 봉급이나 급여라고도 합니다. 여기에는 용돈이나 증여뿐만 아니라 투자에서 번 돈까지 포함됩니다.

- 부와 순자산 -

부와 순자산이라는 용어는 종종 같은 의미로 쓰입니다. 순자산은 **자산**의 시장 가치에서 부채(빌린 돈)를 뺀 것입니다. 만약 여러분이 가진 자산이 단지 150만 원짜리 컴퓨터뿐이고 부채가 100만 원이라면 순자산은 50만 원이 됩니다. 만약 부채가 자산보다 크다면 여러분의 순자산은 적자가 될 것입니다. 물론 경제를 아는 사람이라면 순자산을 항상 흑자 상태로 유지하는 것이 중요하다는 것도 잘 알겠지요?

리 주변 어디에나 있습니다. 사람들은 세계 어디에서나 자동화기기를 사용해 돈을 계좌에 예금하고, 인터넷으로 **주식**과 **채권**을 사면서 돈을 투자합니다. **신용**으로 물건을 구매하는 것도 돈을 빌리는 행동입니다.

알아차리지 못하는 사이에도 여러분은 금융 시장의 일원으로 활동하고 있어요. 예를 들어 계좌에 돈을 예금하는 것은 은행에 일시적으로 돈을 '파는' 것과 같습니다. 그러므로 여러분은 예금을 넣어 두는 동안 조금이라도 **이자**를 많이 주는 은행을 찾아가겠지요.

한편 은행은 많은 사람들에게 **대출**(돌려받는 조건으로 주는 돈)하거나 신용카드로 물건을 구입하게 해주는 등 여러분이 예금한 돈을 다양한 방법으로 빌려 줍니다. 그러나 무조건 돈을 주는 것은 아닙니다. 은행은 사람들에게 돈을 빌려 주는 대신 이자를 받습니다. 그래야 운영을 계속해 나갈 수 있기 때문입니다.

세계에서 가장 높은 빌딩 버즈 칼리파가 두바이에 세워질 수 있었던 것도 많은 사람이 투자를 했기 때문이랍니다.

🔺 투자의 중요성

이처럼 은행은 여러분이 예금한 돈으로 기업과 같이 돈이 필요한 곳에 대출을 해 줍니다. 사람들이 주식이나 채권 같은 금융 상품에 투자하지 않는다면 기업이 자본을 확보할 수 없게 되겠지요.

만약 아무도 돈을 투자하지 않는다면 어떻게 될까요? 결국 세계의 많은 기업들이 운영을 멈추고 말 것입니다. 새로운 상품을 개발해 팔거나 건물을 짓고, 필요한 장비를 사고, 직원을 고용할 돈이 없기 때문입니다. 기업에 돈이 부족하면 노동자들이 일자리를 잃게 됩니다. 직장을 잃으면 사람들은 예금을 하지 못하게 될 것이고, 은행은 대출을 해줄 수 없게 돼요. 대출을 받지 못한 사람들은 자동차와 집을 사거나 주택을 수리할 수 없겠지요.

즉, 돈을 충분히 가진 사람들은 효율적으로 투자할 방법을 궁리하고 기업들은 성장하기 위해 반드시 투자를 받으려고 합니다. 이러한 목표를 이루기 위해 **투자자**와 기업이 만나는 곳이 바로 금융 시장입니다.

금융 시장은 사람들이 투자하는 돈과 기업들이 빌리려 하는 돈에 따라 운영됩니다. 일반 시장에서 신발이나 보석, 치약과 같은 물건이 거래되는 것처럼 금융 시장에서는 사람들이 예금한 돈이 거래됩니다.

사람들이 투자하는 돈은 경제에 활력을 불어 넣고 세계 금융 시장이 지속될 수 있도록 돕는 연료의 역할을 합니다. 투자가 이루어지지 않고 금융 시장이 튼튼하지 못할 경우 세계 경제는 무너지게 됩니다.

📠 신용 위기란?

2008년 전 세계를 강타한 신용 위기는 금융 시장이 제대로 작동하지 않을 경우 어떤 일이 벌어지는지 잘 보여 주었습니다. 이 기간 동안 미국 등 세계의 손꼽히는 은행들은 갑자기 대출을 중단해야 했습니다. 이를 '서브프라임 모기지론(비우량 주택 담보 대출) 사태'라고 부릅니다. 서브프라임 모기지란 신용등급이 낮은 저소득층을 대상으로 주택 자금을 빌려 주는 주택 담보 대출을 뜻합니다.

당시 은행은 갚을 능력도 없는 사람들에게까지 무분별하게 돈을 빌려 주어, 결국 어려움에 처하게 되었습니다. 오르기만 하던 주택 가격이 순식간에 급락하면서, 주택을 담보로 돈을 빌려 간 사람들이 돈을 갚지 못하게 된 것입니다. 이렇게 되자 은행에서는 돈이 부족해지기 시작했습니다. 대출한 돈을 돌려받지 못한 경험 때문에 돈이 넉넉한 은행들도 점차 몸을 사리고 돈을 빌려 주기를 꺼렸습니다. 돈을 투자했던 사람들은 은행에서 돈을 빼내 가기 시작했습니다. 사정이 이렇게 되자 시중에는 돈이 부족해지면서 이른바 '신용 위기'를 맞게 된 것입니다.

전 세계 경제는 붕괴 위기에 처한 듯했습니다. 은행이 다른 은행으로부터 돈을 빌리지 못하거나 기업이 자금을 확보할 수 없게 되면, 빠른 시일 내에 무너질 수밖에 없으니까요. 결국 붕괴 위기에 처한 대부분의 국가가 더 큰 재앙을 막기 위해 은행을 비롯한 금융 기관에 수십억 달러를 긴급 대출해 줘 위기를 넘겼습니다.

🔼 수요와 공급의 법칙

신발 시장을 한번 생각해 보세요. 매일같이 전 세계 모든 나라에서 **소비자**들은 각자의 발에 맞는 신발을 사려고 하지요. 즉, 소비자는 신발의 **수요**를 만들어 냅니다. 반면 **생산자**는 신발을 만들어 파는 역할을 합니다. 즉, 생산자는 소비자에게 신발을 **공급**합니다.

생산자는 소비자가 어떤 신발을 사고 싶어 하는지 일일이 다 조사할 수는 없습니다. 그런데 소비자가 사려고 하는 신발의 수량보다 생산자가 팔려고 하는 물량이 적다면 시장에서는 신발이 부족하게 되겠지요. 이럴 땐 소비자가 원하는 신발을 사지 못하는 경우도 생깁니다. 반대로 생산자가 팔려는 양(공급)보다 소비자가 사려는 수량(수요)이 적다면 시장에서는 신발이 남게 됩니다. 즉, 신발 재고가 생기는 것입니다.

이러한 생산자와 소비자의 고민을 해결해 주는 곳이 바로 시장입니다. 수요가 공급보다 많다면 가격이 점점 더 오르게 됩니다. 공급이 수요에 미치지 못하면 소비자들은 돈을 더 주고서라도 빨리 신발을 사고 싶어 하기 때문입니다. 반대로 생산자가 신발을 공급하는 수량보다 수요가 적다면 가격은 떨어집니다. 물건의 값을 낮춰서라도 생산한 신발을 모두 팔아야 하기 때문입니다. 결국 시장에서는 항상 사려는 가격과 팔려는 가격이 일치할 때까지 조정이 이루어집니다.

신발과 마찬가지로 시장에 있는 다양한 상품들은 사려는 사람과 팔려는 사람의 상호작용으로 가격이 변합니다. 소비자는 현재 가격에서 신발, 칫솔, 책, 음식 등 원하는 상품을 얼마나 살 것인지를 결정합니다. 반대로 생산자는 현재 가격에서 상품을 얼마나 만들어 팔 것인지를 결정합니다. 이렇게 소비자와 생산자의 상호작용으로 가격이 결정되는 것을 '수요와 공급의 법칙'이라고 합니다. 이것이 바로 시장을 움직이는 힘이기도 하지요.

균형 가격, 이렇게 결정됩니다

신발 가격이 1만 원일 때	신발 가격이 2만 원일 때
생산자가 신발 20켤레를 만들어 내놓았습니다.	생산자가 신발 100켤레를 만들어 내놓았습니다.
▼	▼
1만 원이 싸다고 생각하는 소비자 100명이 너도나도 신발을 사고 싶어 합니다.	소비자는 2만 원이 비싸다고 생각해 20명만이 신발을 사려고 합니다.
▼	▼
파는 사람은 가격을 더 올려도 되겠다고 보고 1만 5천 원으로 인상해서 내놓습니다.	파는 사람은 5천 원을 내려서라도 더 팔고 싶어 1만 5천 원으로 가격을 내립니다.

▼

결국 생산자는 신발을 1만 5천 원에 판매하는 것이 적당하다고 판단하고, 20켤레보다는 많고 100켤레보다는 적은 50켤레를 만들기로 결정합니다. 이때 우리는 신발의 가격이 균형 상태를 이루었다고 말합니다.

🏠 금융 시장의 작동 원리

신발 시장처럼 금융 시장 역시 수요자와 공급자의 요구에 맞춰 스스로 균형을 맞춥니다.

신발 시장이 균형 가격을 정하는 것과 마찬가지로 금융 시장에서도 예금하는 사람과 대출을 받는 사람 간의 균형 가격이 정해집니다.

화폐 단위인 '원'으로 균형 가격이 결정되는 신발 시장과 달리, 금융 시장은 예금하는 사람과 대출 받는 사람 간의 **이자율**로 균형 가격이 결정됩니다. 이자율은 사람들이 은행에 예금을 하여 돈을 빌려 준 대가로

운동화를 고를 때 마음에 드는 제품을 찾지 못해 끙끙댄 적이 있었나요? 그렇다면 여러분 마음에 드는 신발은 공급보다 수요가 더 크다고 할 수 있습니다.

받는 금액입니다. 사람들이 돈을 빌린 기간에 대해 지불하는 비용이기도 하지요.

이자율이 오르면 사람들은 예금을 많이 하려고 합니다. 투자한 돈에 대한 이자를 더 많이 받을 수 있기 때문입니다. 한편 이자율이 낮아지면 돈을 빌리는 데 부담이 적어지기 때문에 대출을 받으려는 사람들이 늘어납니다. 결국 금융 시장을 움직이는 핵심은 이자율인 셈입니다.

⬆ 미래를 위한 투자

예금하는 사람과 대출 받는 사람 간의 조율이 잘 이루어지면 대출 시장이 원활하게 움직이게 됩니다. 좋은 아이디어가 있는 사람이나 기업은 새로운 사업을 하기 위해 대출을 받습니다. 기존의 **제품**을 생산하거나 새로운 제품을 개발하기 위해 더 나은 방법을 찾는 사람에게도 투자 자금이 필요하지요.

여러분이 투자한 돈은 불가능해 보이는 꿈을 이루어 후손들이 더욱 풍요롭게 살 수 있도록 돕는 역할을 한답니다. 휴대전화, 감기약, 자동

헨리 포드의 성공 뒤에는 투자가 있었다?

　미국의 발명가 헨리 포드(1863~1947)는 어릴 때부터 물건을 분해하고 조립하는 데 탁월한 재능을 보였습니다. 어떤 기계든 척척 만지고 고칠 수 있었고, 이웃집의 시계를 고쳐주고 용돈을 벌기도 했습니다. 1891년 포드는 에디슨이 만든 조명 회사에서 기술자로 일했습니다. 하지만 포드는 전구보다 자동차를 만드는 데 더 관심이 있었습니다. 포드에게 가장 중요한 것은 모든 사람들이 자동차를 살 수 있도록 싼 값에 차를 만들어 공급하는 것이었습니다. 다행히 투자자들은 이러한 포드의 아이디어와 포부를 믿고 필요한 돈을 대 주었습니다. 포드는 투자받은 돈으로 공장을 짓고, 대량 생산이 가능한 컨베이어 시스템을 최초로 도입했습니다. 결국 포드는 꿈을 이루고 큰 성공을 거두었습니다. 만약 포드의 아이디어를 믿고 투자한 사람들이 없었다면 그의 꿈은 결코 이루어지지 않았을 것입니다.

차, 그리고 비행기에 이르기까지 살아가는 데 꼭 필요한 모든 것은 금융 시장의 투자 덕분에 만들어질 수 있었다고 해도 과언이 아니에요.

🔼 투자 위험과 손실

투자 활동은 우리 삶의 질을 향상시키지만, 돈을 투자한다고 해서 모든 꿈이 실제로 이루어지는 것은 아닙니다. 많은 사람에게 투자를 받아 시작한 계획이 결국 실패로 돌아가 엄청난 **손실**을 떠안게 되는 일이 자주 일어난답니다. 또한 투자를 통해 모두가 행복해질 수 있는 것도 아니에요. 새로운 기술이 개발되고 시설이 자동화된 첨단 공장이 세워진다면 세상은 발전했다고 말할 수 있겠지만, 대신 수많은 노동자가 일자리를 잃게 되겠지요. 물론 진보된 기술 덕택에 새로운 일자리가 생겨나기도 하지만요.

이처럼 투자에는 실패할 위험과 성공할 가능성이 함께 존재합니다.

3. 투자의 방법

금융 시장에는 투자자의 욕구와 목표에 따라 다양한 투자 방식이 있습니다. 모든 투자에는 위험이 있고, 그에 따른 보상도 각각 다르지요.

여러분이 가장 쉽게 투자할 수 있는 방식은 은행에 예금하는 것입니다. 또는 적금이나 **정기 예금**, 주식 투자를 해볼 수도 있겠지요.

🔼 은행에 예금하기

은행에서 보통 예금 계좌를 개설해 돈을 맡겨 놓으면 필요할 때마다 인출해 쓸 수 있습니다. 정기 적금 등 다른 예금 상품과 달리 언제나 돈을 뺄 수 있기 때문에 마음이 놓이지요. 그 대신 보통 예금은 보상, 즉 이자율이 낮거나 거의 없는 경우가 많습니다.

▶▶▶ 보통 예금

언제나 입출금이 가능한 예금을 보통 예금이라고 합니다. 최근에는

보통 예금에서 돈을 인출하는 가장 간편한 방법은 은행에 가지 않고 자동 현금인출기(ATM)를 이용하는 것입니다. 요즘은 은행뿐만 아니라 슈퍼마켓이나 편의점에서도 현금인출기를 쉽게 볼 수 있어요.

물건을 살 때도 체크카드를 사용해 은행에 예금해 둔 돈을 간편하게 꺼내어 쓸 수 있게 되었지요. 인터넷이나 스마트폰을 활용해 **계좌 이체**, **자동 이체**를 하는 등 은행 업무를 보기도 쉬워졌어요. 그러나 목돈을 예금 통장에 가지고 있으면 돈을 쉽게 인출해 쓰게 되어 돈을 모으기가 쉽지 않답니다. 이자도 적을뿐더러 수수료를 내야 할 때도 있어요. 그렇기 때문에 투자할 때 예금에 전적으로 의존하는 것은 바람직하지 않아요.

▶▶▶ 정기 예금

돈을 한꺼번에 은행에 맡기면서 일정 기간(6개월 혹은 1년, 3년 등)에는 찾지 않겠다는 조건을 단 예금입니다. 보통 예금보다 이자를 많이 주며, 특히 돈을 찾아가지 않겠다고 약속한 기간이 길수록 이자율이 높습

니다. 목돈이 생겼을 때 은행에 맡겨서 돈을 불리기에 좋은 금융 상품
입니다.

▶▶▶ 정기 적금

일정 금액을 꾸준히 은행에 넣는 예금으로, 목돈을 마련하기 위해 활
용합니다. 예컨대 매달 10만 원씩 3년 동안 넣는 연이자율 5퍼센트의
정기 적금을 들었다면, 원금은 360만 원이지만 3년이 지난 후에는 18만
원의 이자를 더해 총 378만 원의 돈을 받을 수 있어요.

정기 예금이나 적금은 돈을 모으기 위해 흔히 활용하는 금융 상품이
에요. 예금 계좌에 돈을 넣어 두는 것은 은행에 돈을 빌려 주는 것이나
마찬가지이므로, 은행은 여러분에게 미리 정해진 이자를 지급합니다
그리고 사업을 시작하거나 집을 사려는 사람들에게 여러분이 예금한
돈을 빌려 줍니다. 이때 은행은 **예금자**에게 주는 이자율보다 대출을 해
주는 이자율을 더 높게 책정합니다. 그렇게 해야 **이윤**을 남길 수 있기
때문이지요.

이자율은 어떻게 정해질까?

신발 시장에서 예로 들었던 수요와 공급 법칙을 떠올려 보세요. 신발의 가격은 공급과 수요에 따라 결정된다고 했지요? 금융 시장에서도 예금자와 대출자 사이에서 비슷한 일이 벌어진답니다. 이 과정은 앞에서 살펴보았던 신발 가격이 균형을 이루는 원리와 비슷해요.

현재 은행의 예금 이자율이 7퍼센트라고 가정해 봅시다. 사람들은 이자율이 높다고 생각해서 너도나도 은행에 예금을 하려고 하겠지요. 100만 원을 예금하면 1년에 7만 원을 이자로 받을 수 있으니까요. 그러나 대출을 원하는 사람들은 이자율이 너무 비싸다고 생각해 대출 받기를 망설이게 될 것입니다. 결국 돈은 많지만 이를 빌려 쓸 기업이나 사람이 적어서, 잘못하다가는 은행이 손해를 볼 수도 있는 지경에 이르게 됩니다.

이제 은행은 이자율을 낮추어 5퍼센트를 주는 예금 상품을 개발합니다. 그러자 사람들은 이자율이 너무 적다고 생각해, 예금을 하는 대신 주식 등 다른 금융 상품으로 눈을 돌립니다. 1년 동안 열심히 예금을 해 봤자 5만 원밖에 이자를 받을 수 없거든요. 하지만 돈을 빌리려는 사람들은 이자율이 싸다고 생각해 서로 대출을 받으려고 할 것입니다. 이렇게 되면 은행은 예금이 적어 대출해 줄 돈이 부족해지지요. 이자율이 조금 더 높더라도 대출을 받겠다고 아우성을 치는 사람도 있을 거예요.

다시 은행은 5퍼센트를 주는 예금을 없애고 연이율 6퍼센트의 예금 상품을 새로 개발합니다. 그러자 예금하는 사람들도, 대출받는 사람들도 이자율이 적당하다고 생각하게 됩니다. 마침내 금융 시장에서 적정 이자율은 6퍼센트로 결정되지요. 이처럼 이자율은 예금하려는 사람과 대출 받는 사람들 사이에서 균형을 이루도록 변화한답니다.

4. 채권

은행에 예금하는 것보다 수익을 많이 얻을 수 있는 금융 상품도 있습니다. 물론 이런 경우 위험 부담은 조금 더 커지지요. 채권이 그중 하나입니다.

채권이란?

채권이란 공공기관이나 기업이 일반 투자자들로부터 자금을 안정적으로 조달 받기 위해 발행하는 일종의 차용 증서입니다. 즉, 채권을 산다는 것은 공공기관이나 기업에 돈을 빌려 주는 셈이 됩니다. 돈을 빌려 주고 차용 증서를 받아 두면 일정 기간이 지난 후 돈을 돌려받을 수 있는 것처럼, 채권을 가지고 있으면 만기일이 되었을 때 빌려 줬던 돈을 이자와 함께 돌려받을 수 있어요. 예를 통해서 봅시다. 여러분이 만약 10년 만기에 연 5퍼센트의 이자가 붙는 1백만 원짜리 채권을 구입했다고 합시다. 그러면 10년 동안 이자 5만 원(1백만 원의 5퍼센트)을 매년 꼬박꼬박 받을 수 있고, 만기가 되면 원금 1백만 원도 고스란히 돌려받는답니다. 매년 5만 원씩 받는 이자를 예금에 넣거나 다른 곳에 투자해서 더 많은 돈을 벌 수도 있어요.

📈 채권의 가격과 시중 금리

채권을 사면 일반적으로 만기일에 원금을 돌려받지만, 그렇다고 반드시 만기일까지 기다릴 필요는 없습니다. 채권 시장에서 채권을 사고팔 수 있기 때문입니다. 그러나 이자율이 변하면 처음 채권을 샀던 가격만큼 돈을 받지 못할 수도 있어요.

만약 여러분이 산 채권에 적힌 이자율이 5퍼센트인데 현재 시중 금리도 5퍼센트라면 채권 가격은 변함이 없습니다. 그러나 이자율이 5퍼센트로 명시된 채권을 산 뒤에 금리가 오른다면 사람들은 6퍼센트, 7퍼센트같이 더 높은 금리를 주는 채권을 찾게 되고, 여러분이 산 채권은 가치가 떨어져 가격이 내려가게 됩니다. 반면 시중 금리가 4퍼센트로 떨어지면 채권의 가격은 올라갑니다. 5퍼센트의 이자를 받을 수 있도록 이미 정해져 있기 때문이지요. 이처럼 시중 금리와 채권 가격은 반대로 움직인답니다.

🏛 정부와 채권

최근 몇 년간 각국 정부는 부채(빚)에 시달려 왔어요. 미국 정부의 경우 약 12조 달러(1인당 약 6만 달러)의 빚을 졌다고 해요. 영국의 부채는 국

❛ 채권 값은 어떻게 움직일까? ❜

여러분이 2020년 9월 1일에 원금이 1백만 원이고 3년 만기에, 연이자율 3퍼센트인 채권을 사면서 매 6개월마다 이자를 받기로 했다고 가정해 봅시다. 이 경우 만기일은 3년 뒤인 2023년 9월 1일이에요. 그래서 만기 때 돌려받는 원금 1백만 원에 더해서 이자는 6개월마다 1만 5천 원(1백만 원×3%×1/2)씩 1년에 3만 원, 3년 동안 총 9만 원을 받을 수 있습니다.

그런데 여러분이 만기를 2년 6개월 앞둔 2021년 4월에 채권을 팔려고 한다면 어떻게 될까요?

채권을 사려는 사람은 원금을 돌려받기까지 2년 6개월을 기다려야 하는 대신, 그전까지 6개월마다 1만 5천 원씩 이자를 받을 수 있습니다. 만약 시중 이자율이 그전보다 올라서 더 높은 이자를 받고 채권을 살 수 있다면, 사람들은 이 채권을 제값을 주고 사지는 않으려 할 것입니다. 반대로 이자율이 떨어진다면, 투자자에게 3퍼센트 이자율의 채권은 꽤 좋은 조건이기 때문에 값을 더 치르고서라도 사려고 하겠지요.

그런데 이 채권을 만기일이 겨우 6개월밖에 남지 않은 2023년 3월에 팔면 어떨까요? 이 채권을 사는 사람은 6개월마다 받는 이자를 한 번밖에 받을 수 없고, 만기일이 멀지 않았기 때문에 채권 가격은 크게 변하지 않습니다. 아마도 채권의 원래 가격인 1백만 원 가까운 가격에 팔게 될 것입니다.

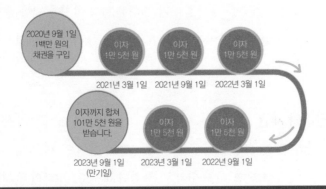

내 총생산의 55퍼센트에 이른다고도 하고요. 다른 나라들도 사정은 비슷하지요.

정부가 돈이 필요하면 보통 채권(국채 혹은 공채)을 발행해서 돈을 마련합니다. 정부가 발행한 채권은 일정한 수익률을 보장하는데다 안전성이 높기 때문에 주로 퇴직한 노인들이 많이 투자합니다. 정부는 부도 나는 일이 거의 없다고 생각하기 때문입니다. 게다가 한 나라의 채권을 다른 나라에서 사들일 수도 있어요. 중국 정부의 경우 1조 달러어치에 달하는 미국 공채를 보유하고 있답니다.

🔺 채권이 만기가 되면 어떻게 될까?

채권 가격에 영향을 미치는 요인은 이자율만이 아니에요. 만기 기간에 따라서도 채권 가격은 변한답니다. 일반적으로 만기일이 얼마 남지 않은 채권은 가격이 크게 변하지 않아요. 예를 들어, 표시된 가격이 100만 원인 채권의 만기일이 내일이라면 이 채권을 산 사람은 내일 100만 원의 원금을 돌려받게 되고, 만기일이 하루 남은 채권 가격은 100만 원에서 변하지 않을 거예요. 만기 전까지 이자 소득을 거의 기대하기 힘들기 때문이지요. 만기가 1년 이하인 채권인 단기채의 경우 5년 이상인 장기채보다 이자가 낮지만 위험 부담이 적답니다.

🔺 채권의 위험

채권은 안전하다고 생각하지만 항상 그런 것은 아닙니다. 투자자가 채권을 산다는 것은 정부나 기업에 돈을 빌려 주는 셈입니다. 그렇지만 다른 투자와 마찬가지로, 채권 역시 이자를 받지 못한다거나 투자한 돈 전부를 돌려받지 못하는 경우도 있어요.

정부가 발행한 채권은 위험이 매우 낮습니다. 그러나 경제가 불안정한 국가의 정부가 발행한 채권은 위험이 큽니다. 기업의 채권도 마찬가지예요. 신용도가 높은 기업의 채권은 위험이 적지만, 자금난을 겪거나 불확실한 사업을 시작한 기업이 발행한 채권은 위험이 크지요.

여기서 다시 '위험과 수익의 관계'를 생각해 보세요. 안정된 정부가 발행한 채권은 안전한 투자이기 때문에 수익(이자율)은 낮습니다. 하지만 미래가 불확실한 신생 기업이 발행한 채권은 불안한 투자이기 때문

아르헨티나 채권

정부가 빚을 갚지 못할 위험은 거의 없지만, 무조건 안전하다고 장담할 수는 없어요. 2001년 아르헨티나에서 그런 일이 일어났답니다. **채무 불이행**(디폴트)을 선언한 것이지요.

당시 아르헨티나는 전 세계를 상대로 950억 달러에 달하는 채권을 발행했어요. 그런데 정부의 국고가 바닥이 난 거예요. 아르헨티나 채권을 산 다른 나라와 투자자들은 돈을 몽땅 날리고 빈털터리 신세가 될 처지였습니다.

각국 정부는 채권을 갚으라고 아르헨티나 정부를 압박했어요. 결국 아르헨티나는 원 채권에 비해 가치가 삼분의 일에 불과한 채권을 다시 발행해서 기존 채권과 교환할 것을 제안했지요. 투자자들은 화가 났지만 선택의 여지가 없었기에 울며 겨자 먹기로 제안을 받아들였습니다.

에 수익(이자율)은 반대로 높아집니다. 이자를 받지 못하거나 채권의 투자 원금을 돌려받지 못할 위험성이 크기 때문이지요.

🔺 채권의 종류와 특징

▶▶▶ 발행 주체에 따라

국채, 지방채, 특수채, 회사채로 구분할 수 있습니다. 누구나 채권을 발행할 수 있는 것이 아니라, 공신력이 높은 단체나 주식회사에서만 발행할 수 있도록 법으로 엄격히 제한하고 있어요.

국채	중앙정부가 공공의 목적을 위해 국회의 동의를 얻어 발행하는 채권으로 국민주택채권, 국고채권, 양곡기금증권, 재정증권 등이 있습니다. 정부가 보증하는 채권이므로 신용도가 가장 높고 위험성은 낮습니다. 그렇기 때문에 다른 채권에 비해 금리가 낮은 편입니다.
지방채	지방자치단체(특별시·광역시·도·시·군 등)가 발행하며 서울도시철도공채, 지역개발채권 등이 있습니다. 국채에 비해 발행 금액이 적고 신용도도 비교적 낮습니다.
특수채	한국전력이나 한국도로공사와 같이 법률에 의해 설립된 법인이 발행하는 채권입니다. 주식회사가 발행하는 회사채보다 신용도가 높은 편이며 안정성과 수익성이 높습니다.
회사채	주식회사가 발행하는 채권으로, 한꺼번에 많은 돈이 필요할 때 일반인들을 대상으로 판매합니다. 발행하는 회사의 신용 수준에 따라 금리와 위험도가 달라지므로 신용도를 고려해 주의 깊게 매입해야 합니다.

▶▶▶ 이자 지급 방법에 따라

채권은 이자를 지급하는 방식에 따라 이표채, 할인채, 복리채, 단리채로 나눌 수 있습니다.

이표채	3개월, 6개월 등 정해진 기간마다 이자를 지급하는 방식의 채권으로 대부분의 국채와 회사채는 이표채에 속합니다.
할인채	발행 당시에 이자를 미리 할인하여 발행하는 채권입니다. 예를 들어 만기가 3년이고, 이율이 10퍼센트인 1백만 원짜리 할인채의 경우 3년 동안의 이자인 30만 원을 미리 할인하여 70만 원에 발행합니다. 그리고 3년이 지나면 1백만 원을 받을 수 있습니다.
복리채	이자 지급 기간 동안 이자를 주지 않고 원금에 덧붙여 복리로 재투자하는 채권입니다. 만기가 되면 원금과 함께 복리로 불어난 이자를 함께 받을 수 있습니다.
단리채	이자 지급 기간 동안 이자를 단리로 계산하여 만기 때 원금과 이자를 한꺼번에 지급하는 채권입니다.

▶▶▶ 보증 여부에 따라

보증사채	원금 상환과 이자 지급을 발행 회사 이외의 정부 및 금융 기관이 보증하는 회사채입니다. 원리금을 지급받지 못하게 되면 제3자인 은행이나 증권사가 대신 지급합니다. 외환위기 이후에는 보증사채가 거의 사라졌습니다.
무보증사채	발행 회사의 자체 신용도를 근거로 발행하는 회사채입니다. 원금을 보장받을 수 없으므로 수익률이 보증사채보다 높습니다. 무보증사채에 투자할 때는 채무불이행의 위험이 있으므로 신용등급을 잘 확인해야 합니다.

신뢰를 잃은 신용평가 기관

2008년 경제 위기로 인해 전 세계적인 **경기 침체**가 폭풍처럼 불어 닥치면서, 일부에서는 **신용평가 기관**이 위기를 부른 장본인 가운데 하나라고 주장했습니다.

2000년대 후반 금융 회사들은 새로운 형태의 투자 상품을 판매하기 시작했습니다. 그 가운데에는 은행에서 판매하는 **모기지** 상품(주택 담보 대출)도 있었답니다. 많은 사람들이 돈을 갚지 못할 위험을 무릅쓰고 이 대출 상품을 통해 돈을 빌렸어요. 이때 신용평가 기관은 가난한 사람들에게 주택을 담보로 돈을 빌려주는 모기지 상품에 높은 신용등급을 매겨 주었어요. 새롭게 등장한 모기지 상품은 그 구조가 너무 복잡해서 보통 사람이 쉽게 이해할 수가 없었기에, 전문 기관이 매긴 신용등급을 믿고 투자할 수밖에 없는 상황이었지요. 사람들은 대부분 모기지 상품이 안전하다고 철석같이 믿었어요.

대출을 받은 사람들이 빚을 갚지 못하게 되면서 새롭게 등장했던 모기지 상품의 약점이 드러났고, 공공기관과 언론은 신용평가 기관을 의심하기 시작했습니다. 모기지 상품의 신용등급을 낮추는 시기를 놓친 것뿐이라며 두둔하는 의견도 있었지만, 금융 기관과 신용평가 기관이 긴밀한 관계를 맺고 있다고 주장하는 사람들도 있었습니다. 그 때문에 정직하고 객관적인 평가를 내리지 못했다는 것이지요.

투자의 위험성이 드러나면서, 신용평가 기관은 재빨리 모기지 대출 상품의 신용등급을 낮추었습니다. 그러자 모기지 상품에 엄청난 돈을 쏟아부은 개인 투자자들과 기업들은 큰 충격에 빠졌어요. 금융 기관들이 대출이나 투자를 꺼리게 되자 경제는 더욱 심각한 위기를 맞았습니다. 이러한 위기 이후로 신용평가 기관이 신용등급을 매기는 기준을 더욱 엄격하게 만들어야 한다는 주장이 힘을 얻고 있습니다.

5. 주식

사람들은 주식 시장에서 쉽게 주식을 사고팔 수 있습니다. 그렇다면 주식이란 무엇일까요?

한마디로 기업의 작은 소유권 하나하나를 이르는 말입니다. 예를 들어 주식 시장에서 애플컴퓨터의 주식을 산다면, 여러분은 그 회사의 일부분을 가지게 되는 것이지요. 단 하나의 주식을 사더라도 주주가 될 수 있어요. 여러분 말고도 수백, 수천 명의 주주가 모여 회사를 함께 소유합니다. 이 중에는 은행처럼 큰돈을 가지고 기업에 투자하는 단체인 '기관 투자자'들도 있습니다.

⬆ 수익과 손실 위험

주식을 사려고 할 때에는 항상 수익과 손실 위험을 함께 생각해야 합니다. 여러분이 주식을 산 기업이 돈을 잘 벌면 그 기업의 가치도 올라가게 되고, 동시에 주식 가격도 오르게 마련이지요. 반대로 상황이 어

💵 주주는 항상 옳을까?

주주들이 기업의 의사결정에 참여하는 것을 반대하는 사람들도 있어요. 왜냐하면 주주들은 오직 주식 가격에만 관심이 있기 때문이에요. 그래서 기업이 최소의 비용을 들여 최대의 이윤을 내기를 바라지요. 주주들은 기업을 더 효율적으로 경영하기 위해 노동자들을 해고하자고 주장하기도 해요. 아니면 노동자의 임금이 싸고 환경오염에 대한 규제가 느슨한 후진국으로 공장을 옮기고 싶어 하지요. 주주의 입장에서는 노동자의 권리나 자연 보호 같은 가치보다는 자신의 이익이 우선이기 때문이죠. 개인이 기업을 소유하고 권력을 휘두르는 경우에도 이런 일이 일어나곤 한답니다. 기업의 결정은 노동자들과 주변 환경에 큰 영향을 미치기 때문에 경영자와 주주들은 책임감을 가지고 현명하게 판단해야 해요.

려워 기업이 돈을 잘 벌지 못하면 그 기업의 가치는 떨어지고 주식 가격 역시 떨어지게 됩니다. 만약 여러분이 주식을 가지고 있는 기업이 부도 나면 안타깝게도 그 주식은 휴지조각이 되어 버리지요.

여러분이 주식을 보유하고 있다면 주주로서 그 회사를 어떻게 운영할 것인가에 대한 의견을 표현할 수가 있습니다. 기업의 주주는 회사의 기본 조직과 경영에 관한 중요한 사항을 의결하는 자리인 주주총회에 참석해서 의견을 낼 수 있어요. 기업은 주주들의 관심사에 귀를 기울여야만 하지요. 사소해 보이더라도 기업에 직접 의견을 표현하는 것은 주식을 가진 주주로서 매우 중요한 권리랍니다.

🔼 세계 곳곳의 주식 시장

세계 어느 나라를 가든 주식 시장을 만날 수 있어요. 미국 월가에 있는 뉴욕증권거래소가 세계에서 가장 큰 주식 시장이고, 도쿄증권거래소가 두 번째로 큽니다. 또 세계에서 가장 오래된 주식 시장인 런던증권거래소가 그 뒤를 잇지요.

아프리카의 가나에서 인도의 뭄바이에 이르기까지 전 세계에 걸쳐 다양한 주식 시장이 있습니다. 미국에는 두 개의 주요 주식 시장이 있어요. 월가의 뉴욕증권거래소(NYSE, 제조업주식 중심 거래)와 나스닥(NASDAQ, 벤처기술주식 중심 거래)입니다. 우리나라에도 이와 비슷하게 코스피(KOSPI, 제조업주식 중심 거래)와 코스닥(KOSDAQ, 벤처기술주식 중심 거래)이라는 두 개의 주식 시장이 있어요.

🔼 거래소에서는 어떤 일이 일어날까?

주식 시장에는 사람들이 모여 주식을 사고파는 공간인 거래소가 있습니다. 주식 시장의 거래소는 활기가 넘치고 시끄러운 공간이에요. 미국의 뉴욕증권거래소에서는 요란한 종소리로 개장과 폐장을 알리기도 한답니다. 거래소에서 주식을 거래하려면 거쳐야 하는 단계가 있어요. 우선 투자자가 주식을 사고팔기 위해서는 중개인에게 의뢰를 해야 해요. 주식을 살 때 어떤 일이 일어나는지 알아볼까요?

1. 중개인은 거래소에 있는 담당 사원에게 주식 매매 내용을 이야기합니다.

2. 담당 사원은 거래소에 매매 주문을 냅니다.

3. 각 매매 주문이 거래소에 모인 뒤 서로 사고파는 가격이 일치하면
   매매가 이루어집니다.

4. 담당 사원은 체결 가격을 전달받고 중개인에게 이를 전달합니다.
   그리고 중개인은 거래가 성사된 사실을 투자자에게 알립니다.

전자 주식 거래

오늘날에는 컴퓨터와 인터넷이 널리 사용되면서, 투자자들이 주식
시장에 직접 모여서 주식을 거래하는 일이 점점 줄어들고 있어요. 세계
최초의 전자 주식 거래 시장인 미국의 나스닥(NASDAQ) 시장에는 거래

많은 거래인이 모여 투
자자 대신 주식을 사고
파는 주식 거래소는 언
제나 시끌벅적합니다.

소가 없어요. 대신 모든 거래는 컴퓨터로 이루어지지요. 우리나라의 코스피와 코스닥 시장도 마찬가지예요. 주식거래를 할 때는 거래소까지 찾아갈 필요 없이 증권회사에서 제공한 홈트레이딩시스템(HTS)을 이용하면 어디서나 간편하게 컴퓨터로 주식을 사고팔 수 있답니다.

🔼 배당금이란?

물론 주식은 채권보다 위험한 투자 방법입니다. 큰돈을 주식에 투자했다가 몽땅 날릴 수도 있고, 장기 투자의 목적으로 오랫동안 가지고 있어도 언제 가격이 오를지 알 수 없으니까요.

그렇다고 주식 투자가 꼭 나쁘다고는 할 수 없어요. 주식을 사서 기업의 주주가 되면 **배당금**을 받기도 하거든요. 기업들은 일 년 동안 경영을 한 뒤 이윤의 일부를 주주들에게 나눠줍니다. 이것을 배당금이라고 해요. 예를 들어 여러분이 어떤 반도체 회사의 주식을 주당 5천 원에 샀는데 배당을 주당 500원씩 해준다면 10퍼센트의 배당을 받은 셈이 됩니다. 따라서 좋은 주식을 사면 배당과 시세차익을 모두 기대할 수 있는 것이지요.

하지만 나쁜 주식을 사면 어떨까요? 주식이 내가 산 가격보다 떨어진다면 시세차익은 고사하고 오히려 손실을 보게 됩니다. 또 기업의 경영 실적이 나쁘면 수익을 내지 못해 주주에게 배당금을 줄 엄두도 못 내지요. 기업의 경영이 악화돼 부도가 나면 주식이 휴지조각이 되어 투자한 돈을 모두 날릴 수도 있어요.

🔼 주식 가격은 어떻게 움직일까?

주가는 매일 매일 다양한 이유로 오르기도 하고 떨어지기도 합니다. 좋은 소식이 있으면 급등하고, 나쁜 소식이 있으면 폭락하기도 하지요. 이처럼 주식 가격은 매우 불안정해서 이를 다른 말로 '**변동성**이 크다'라고도 합니다.

예를 들어 항공 회사의 주식은 조종사들이 파업을 하거나 국제 유가

💵 엔론 사태

주식 투자의 위험성을 보여주는 대표적인 사례가 엔론 사태입니다.

미국의 7대 대기업이었던 엔론은 한때 세계적인 에너지 기업이자 가장 혁신적인 기업으로 손꼽혔습니다. 빠른 성장을 이루었고 주식 가치도 급등해 한때 주당 90달러까지 치솟았어요. 하지만 내부 직원들은 그 주식 가격이 진실이 아니라는 것을 알고 있었어요. 엔론은 장부를 조작해 실제보다 경영이 좋은 기업처럼 포장해 놓고 주식을 비싼 값에 팔았던 거예요. 이를 분식회계라고 합니다. 이렇게 주식 가격을 올린 뒤, 엔론의 고위급 임원들은 하나 둘씩 주식을 내다 팔기 시작했습니다. 그러면서도 주가가 더 오를 것이라며 투자자들에게 주식을 사도록 부추겼어요. 엔론의 직원들까지도 임원들의 거짓말을 믿고 주식에 큰돈을 투자했답니다.

그러나 엔론의 분식회계가 만천하에 드러나면서 회사는 무너지기 시작했습니다. 주가는 폭락을 거듭한 끝에 휴지조각이 됐고, 고위급 임원들을 제외한 순진한 직원들은 퇴직연금까지 다 날리게 되었어요. 투자자들 역시 많은 돈을 잃었지요. 이 사건이 터진 뒤, 사람들은 기업의 주식에 투자하는 것이 얼마나 위험한 일인가를 깨닫게 되었답니다.

가 크게 뛰면 떨어질 수 있어요. 자동차 회사의 주식은 자동차의 결함 때문에 리콜(제품에 문제가 생겼을 때 제조사가 물건을 회수해 수리하거나 교환해 주는 제도)을 한다면 가격이 폭락하지요.

반면 주가는 예상치 못한 요인으로 갑자기 오를 수도 있습니다. 금융 관련 법이 바뀌어 은행들이 큰 수익을 얻을 있는 환경이 된다면 주가는 갑자기 뛸 수 있지요.

🏠 주식 투자 위험 줄이기

앞에서도 이야기했듯, 주식은 가장 위험한 투자 방법이에요. 주식을 산 기업이 부도나면 투자 원금을 몽땅 날릴 수도 있지요. 그렇다면 주식 투자의 위험을 줄일 수 있는 방법은 없을까요? 전문가들은 분산 투자를 하면 위험을 줄일 수 있다고 말합니다. 분산 투자란 여러 기업의 주식을 조금씩 나누어 사는 방법이에요. 한 기업의 주식만 사면 위험이 그만큼 집중되기 때문에 몇 개 기업의 주식을 함께 사면 위험을 분산시킬 수 있답니다.

예를 들어 우산 회사와 양산 회사를 생각해 보세요. 비가 오면 우산이 많이 팔리고, 햇볕이 쨍쨍 내리쬐는 날에는 양산이

> ### 💵 선택을 잘해야 해요!
> 한 기업에 몰아서 투자를 하는 것은 물론 위험하지만, 큰 수익을 거둘 수 있는 기회가 되기도 해요. 1919년 코카콜라 회사가 주식을 공개했을 때, 1주에 고작 40달러밖에 가격이 나가지 않았지요. 그래서 코카콜라의 가치를 대수롭지 않게 여긴 사람도 많았어요. 그러나 그 당시 주식을 산 투자자가 2004년 12월 1일까지 고스란히 그 주식을 가지고 있었거나 자손에게 물려줬다면, 그 주식의 가치는 자그마치 19만 1,544달러가 됐을 거예요!

잘 팔리겠지요. 만약 여러분이 우산 회사의 주식을 샀는데 여름 내내 비 한 번 오지 않고 연일 폭염이 왔다면 어떻게 될까요? 아마도 우산 회사는 매출이 줄어들고, 자연히 주식 가격도 크게 떨어지겠지요. 하지만 양산 회사의 주식을 함께 가지고 있다면 어떨까요? 우산 회사의 주식이 떨어져 손해를 조금 보겠지만, 반대로 양산 회사의 매출은 늘어나 주식 가격이 올라갈 것입니다. 이처럼 분산 투자를 하면 일부 기업의 주식 가격이 떨어지더라도 손해를 줄일 수 있답니다.

🔼 시장의 성장과 침체

여러 기업의 주식에 분산투자하는 것이 한 기업의 주식에 투자하는 것보다 안전하다고 하더라도 이러한 전략이 항상 성공하는 것은 아니에요. 주식 시장 전체가 성장하기도, 침체되기도 하기 때문입니다.

엔론이 파산하면서, 수억 달러를 투자했던 전 세계 거대 기업과 은행은 엄청난 타격을 입었고 엔론과 일하던 다른 회사까지 잇따라 무너져 내렸습니다. 한 기업의 파산이 세계 경제 전체에 심각한 위기를 불러온 것입니다.

주식 시장은 세계 곳곳에서 일어나는 일에 따라 민감하게 움직여요. 예를 들어 **중앙은행**이 이자율을 낮추기로 결정한 날은 전체 주식 시장이 대개 상승합니다. 이자율이 낮아지면 기업들이 돈을 빌릴 때 부담이 적어 투자를 많이 하게 되고 그 결과 경제가 활성화될 거라는 기대감이 생기기 때문이지요.

또 국가 간 분쟁이 발생하면 주식 시장은 전체적으로 하락합니다. 분쟁이 생기면 투자자들은 경제가 무너지기 쉽다고 생각하기 때문이에요. 우리나라에서도 북한이 미사일을 발사하거나 핵실험을 했다는 뉴스가 보도되면 일시적으로 시장 전체가 출렁이며 폭락하는 경우가 많았지요.

특히 예상치 못한 일이 벌어졌을 때 주식 시장은 요동을 치곤 하지요. 경제 상황이 나빠져 실업률이 7퍼센트로 늘어날 것이라고 예상하고 있을 때, 정부가 실업률이 6.5퍼센트에 그쳤다고 발표하면 주식 시장은 어떻게 움직일까요? 6.5퍼센트의 실업률도 결코 낮은 것은 아니지만, 모든 사람들이 예상했던 것보다는 나은 결과이기 때문에 전체 주식 시장은 오르게 됩니다.

🔼 황소 시장과 곰 시장이 뭘까?

경제가 호황기를 맞아 주식 시장 전체가 오랫동안 상승하는 강세장을 '황소 시장(Bull Market)'이라고 불러요. 반대로 경제가 불황기를 맞아 주식 시장 전체가 오랫동안 하락하는 약세장을 '곰 시장(Bear Market)'이라고 한답니다.

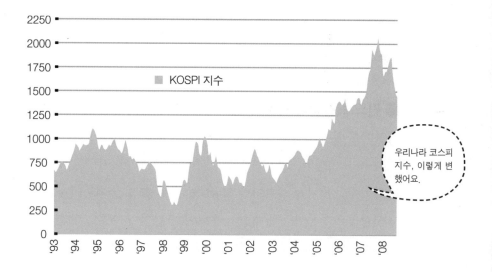

우리나라 코스피 지수, 이렇게 변했어요.

1990년대는 황소 시장(강세 시장)의 시대라고 말할 수 있었어요. 한동안 상승을 계속하던 주식 시장은 2000년에 떨어지기 시작하면서 곰 시장(약세 시장)이 시작되었지요. 2003년에는 주식 가격이 오르면서 황소 시장이 다시 시작됐고, 2008년에 가격이 다시 떨어지면서 곰 시장이 시작되었습니다.

주식 시장은 오늘 올랐다고 하더라도 내일 다시 떨어질 수 있기 때문에, 현재 시장이 황소 시장인지 곰 시장인지 판단하기는 쉽지 않아요. 위의 그래프를 보면, 우리나라 사람들이 전체 주식 시장을 판단하는 데 활용하는 코스피 지수가 어떻게 변화해 왔는지 알 수 있습니다. 주식 시장의 흐름은 상승과 하락을 반복하지만 앞으로의 시장이 황소 시장이 될지 곰 시장이 될지는 알 길이 없지요. 다만 시간이 지난 뒤 '아, 그

때가 황소 시장이었구나!' '아, 그때가 곰 시장이었구나!' 하고 뒤늦게 깨달을 뿐이랍니다.

🔼 펀드로 간접 투자하기

개인이 주식에 직접 투자하여 이윤을 얻는다는 것은 매우 어려운 일이에요. 주식 시장의 흐름을 예측하기가 워낙 힘들뿐더러, 시장을 분석하여 장기적인 전략을 세워야만 성공률을 높일 수 있기 때문이지요. 그래서 사람들은 전문가들이 대신 운용해 주는 간접 투자를 많이 합니다. 이 가운데 **펀드**는 대표적인 주식 간접 투자에 속합니다.

펀드란 투자자로부터 자금을 모아 자산운용회사가 주식 및 채권 등에 투자 및 운용한 후 그 수익금을 돌려주는 간접 투자 상품입니다. 적은 돈으로도 쉽게 투자할 수 있을뿐더러 주식, 채권 및 부동산 등에 전문지식을 가진 전문 인력(펀드 매니저)이 투자·운용하기 때문에 직접 투자에 어려움을 느끼는 사람들에게 인기가 높습니다.

펀드의 종류

주식형 펀드	주식 및 주식과 관련된 금융 상품에 60퍼센트 이상 투자하도록 설계된 가장 일반적인 형태의 펀드입니다. 주식 시장의 등락에 따라 높은 수익을 거둘 수도 있고, 반면 큰 손실을 입을 위험도 있습니다.
채권형 펀드	채권 및 채권 관련 상품에 60퍼센트 이상을 투자하는 상품을 말합니다. 주식형 펀드에 비해 안정적인 투자 상품이긴 하나 수익이 낮습니다.
혼합형 펀드	주식형 펀드와 채권형 펀드의 장점을 합쳐 놓은 상품입니다. 주식이나 채권 가운데 어느 한쪽에 치우치지 않고 적절하게 규모를 배분하여 투자합니다. 채권형 펀드보다는 위험성이 높지만, 주식형 펀드에 비해 비교적 안정적인 수익을 실현할 수 있습니다.

펀드는 여러 종류의 투자로 이루어졌기 때문에 위험과 수익률 역시 각기 다릅니다. 채권으로만 이루어진 펀드도 있고, 위험도가 더 큰 주식이 포함되기도 합니다. 채권만으로 구성된 채권형 펀드는 주식 등에 투자하는 것보다 위험도가 낮아 안정성을 추구하는 사람들에게 인기가 있는 투자 방법입니다. 반면 주식의 비중이 높은 펀드는 원금이 보장되지 않는 대신 수익성은 높은 편입니다.

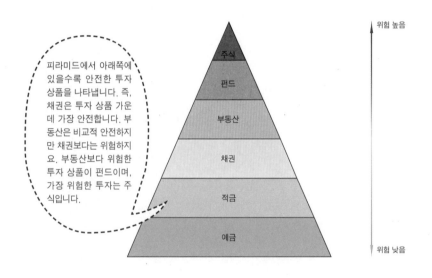

피라미드에서 아래쪽에 있을수록 안전한 투자 상품을 나타냅니다. 즉, 채권은 투자 상품 가운데 가장 안전합니다. 부동산은 비교적 안전하지만 채권보다는 위험하지요. 부동산보다 위험한 투자 상품이 펀드이며, 가장 위험한 투자는 주식입니다.

위험 높음

주식
펀드
부동산
채권
적금
예금

위험 낮음

🏠 주식 시세표 읽는 법

여러분은 신문을 읽다가 빽빽하게 숫자가 들어찬 주식 시세표를 보고 '어휴, 이게 뭐야?'라고 생각한 적이 있을 거예요. 최근에는 신문뿐만 아니라 인터넷 포털 사이트에서도 증권 정보를 쉽게 접할 수 있답니다. 주식 시세표를 보면 주식 시장에서 어떤 기업의 주식이 거래되고 있는지 알 수 있어요. 우리가 쉽게 접할 수 있는 주식 시세표는 이렇게 생겼답니다.

주식 시세표

종목명	종가	전일비	등락률	거래량	시가	고가	저가
가나다 전자	11,600	▲1,500	+14.85%	78,000	10,800	11,600	10,000
마바사 건설	5,600	▽120	-2.20%	5,000	5,500	5,900	5,000

　주식 시세표를 읽으려면 가장 먼저 주식 시장과 관련된 용어를 알아야겠지요?

　우선, 종목명은 주식을 발행한 회사의 이름입니다. 종가는 주식 시장이 마감하면서 마지막으로 결정된 가격을 알려 주지요. 전일비란 어제 주식 시장 마감 때보다 현재 얼마가 상승했는지 혹은 하락했는지를 나타냅니다. ▲는 상승을, ↑는 상한가를 나타내며, ▼는 하락, ↓는 하한가를 의미합니다. 상한가와 하한가가 있는 이유는 하루에 오르거나 내릴 수 있는 가격이 정해져 있기 때문입니다. 주식 가격이 지나치게 급등하거나 폭락하는 것을 막기 위해 전일 가격의 15퍼센트 내외에서 거래가 이루어지도록 정해 두었답니다. 위 주식 시세표에서 가나다 전자는 ▲1,500로 어제에 비해 주가가 1,500원 올랐습니다. 반면 마바사 건설을 보면 ▼120로, 어제보다 120원 내렸다는 것을 알 수 있습니다. 이 전일비를 비율로 표시한 것이 등락률입니다.

　거래량은 그날 주식 거래가 이루어진 수량입니다. 보통 거래량이 많으면 주식 시장이 활발히 움직인다는 뜻이기에 주가는 오릅니다. 반대로 거래량이 적으면 주가가 내려가지요. 시가는 주식 시장이 시작될 때의 가격이며 하루 동안 가장 높게 올라갔을 때의 가격을 고가, 가장 낮게 하락했을 때의 가격을 저가라고 합니다.

　주식 용어를 어느 정도 이해했다면, 이제 가나다 전자와 마바사 건설의 주식 시세표를 읽어 볼까요?

　가나다 전자의 주식은 장이 시작될 때 가격(시가)는 1만 800원이었고, 한때 1만 원까지 내려갔다가 1만 1,600원까지 오르는 등락이 반복되었으며, 장이 마감될 때의 가격(종가)은 1만 1,600원이었습니다. 사고판 주식의 거래량은 7만 8,000주를 기록했네요. 반면 가격이 하락한 마바사 건설의 주식 시세를 볼까요? 마바사 건설은 장이 시작될 때 5,500원이었고 5,900원과 5,000원 사이에서 등락을 거듭했어요. 그리고 장이 끝날 때의 종가는 5,600원이었지요.

　오늘부터 딱 열흘 동안 신문의 주식 시세표를 보고, 몇 개의 기업을 정해서 그 주식 가격의 흐름을 유심히 관찰해 보세요. 주식 가격이 어떻게 오르내리는지, 여러분의 돈을 투자해도 괜찮은 기업이 있는지, 주식의 가치가 어떤 이유로 오르거나 떨어졌는지 생각해 보세요. 누구나 주식에 투자하기 위해서는 이러한 분석의 과정을 거쳐야만 한답니다.

💵 펀드 매니저란 무엇일까?

간접 투자를 할 때는 여러분의 투자금을 대신 운용해 주는 사람이 있게 마련입니다. 이들을 펀드 매니저라고 해요. 사람들은 주식 시장에서 직접 투자하는 것보다 전문가인 펀드 매니저에게 맡기는 것이 더 많은 수익을 올릴 수 있다고 생각합니다.

펀드 매니저에게 돈을 맡길 때는 대부분 시장의 평균 수익률보다 높은 수익률을 기대하게 마련입니다. 그래서 높은 수익률을 내는 몇몇 매니저들은 알맞은 주식을 선택해서 수십 퍼센트의 수익률을 올려 유명해지기도 한답니다. 그래서 직접 투자를 해서 수익이 올릴 자신이 없다면 좋은 매니저를 찾는 것도 현명한 투자 방법이랍니다.

마젤란 펀드 회사를 운영해온 피터 린치는 미국의 유명한 펀드 매니저예요. 그는 고객들의 돈을 대신 투자해 연간 29퍼센트 이상의 수익을 내기도 했습니다. 대단하지요?

6. 그 밖의 투자 방법

지금까지 사람들이 수익을 얻기 위해 흔히 사용하는 투자 방법에 대해 알아보았어요. 하지만 이밖에도 투자 방법은 무궁무진하답니다.

어떤 사람들은 눈에 보이지 않는 주식보다 조금 더 실질적인 것에 투자합니다. 값이 오를 때를 기다려 되팔려는 목적으로 주택이나 아파트를 사기도 해요. 아니면 보석이나 예술품을 사 두는 사람도 있지요.

이와 같은 투자를 할 때도 주식과 채권 시장과 비슷한 시장이 만들어져요. 예를 들자면 곡식이나 축산물 등 상품의 가격에 따라 수익을 얻는 펀드에 투자를 할 수도 있어요. 다른 나라의 돈을 거래하는 외환 시장에서는 각국의 환율에 따라 화폐의 가격이 변하지요. 앞에서 배운 대로 수요와 공급의 원칙에 따라 가격이 움직이고, 사람들은 이 가격을 보고 투자를 하는 것이랍니다.

⬆ 부동산 시장이란?

백화점이나 공장, 주택, 아파트는 모두 부동산에 속해요. 부동산을 직접 사는 방법도 있고, 부동산 펀드에 투자할 수도 있어요. 집을 사는 것은 가장 흔한 부동산 투자 수단이에요. 만약 여러분이 집을 산다면 부동산에 투자하는 셈이 되지요. 물론 집은 가족이 모여 사는 곳이니 집을 사는 것이 투자가 아니라고 생각할 수도 있어요. 그러나 역사적으로 보면 집을 사는 것은 꽤 안전한 투자 수단으로 인정받아 왔어요. 시간이 흐를수록 집값은 점점 오르기 때문이지요.

⬆ 부동산 거품이 터졌다!

최근 사람들은 집에 너무 많은 투자를 해 왔습니다. 2000년대 들어 미국과 영국 등지에서는 이자율이 매우 낮아 사람들이 쉽게 돈을 대출받아 집을 살 수 있었기 때문이에요. 그러자 은행은 많은 보증금이 필요하지 않은 모기지론(주택 담보 대출)을 제공하기 시작했어요. 페니매(Fannie Mae, 연방저당공사증권)와 프레디맥(Freddie Mac, 연방주택모기지공사) 등 정부 기관도 은행을 후원해 대출을 쉽게 하고, 모지기를 위한 더 많은 돈을 확보했지요. 페니매와 프레디맥은 여분의 자금으로 많은 저소득층 미국 국민이 주택을 구입하도록 도왔습니다. 대출을 받기 쉬워지자 돈을 갚을 능력이 없는 가난한 사람들까지도 돈을 빌려 너도나도 집을 샀어요. 이렇게 되니 주택 가격이 엄청나게 치솟았지요.

주택 가격이 어느 때보다 빨리 오르자 사람들은 투자를 하면 엄청난 돈을 벌 수 있을 것이라 생각하게 되었어요. 집값이 떨어질 거라고는

💵 부동산 시장에서 배울 점

2000년대 초 부동산 시장에서 일어난 사건을 보고, 여러분은 어떤 생각이 들었나요?

부동산은 비교적 안정적인 투자 방법이지만, 살아가는 공간으로 인식하지 않고 돈벌이의 수단으로만 생각하면 이런 일이 벌어지기 쉬워요. 그리고 너무 많은 사람이 한꺼번에 몰리는 투자는 그다지 좋은 투자 방법이 아니라는 점도 알 수 있지요. 당시에도 너도나도 집을 사서 되팔아 이익을 챙기려고 했어요. 하지만 집을 사려는 사람이 많으면 많을수록 값은 치솟게 됩니다. 이럴 때는 남들이 사지 않는 다른 상품에 투자하는 전략이 훨씬 현명한 투자 방법이에요. 지금은 가격이 낮지만 언젠가 그 가치를 인정받게 되면 훨씬 높은 수익을 올릴 수 있을 테니까요.

아무도 예상하지 못했답니다. 점점 더 많은 사람들이 투자의 목적으로 집을 사기 시작했어요.

사람들이 더 이상 집을 살 수 없을 정도로 주택 가격은 오르고 또 올랐습니다. 집값이 이유 없이 너무 높아서 사람들은 주택 시장을 금방 '터져버릴 거품'이라고 부르기 시작했어요. 얼마 지나지 않아 대출 받은 돈과 이자를 갚지 못해 허덕이는 사람들이 나타났어요. 비싼 값에 되팔 것이란 기대를 걸고 집을 샀지만, 이제는 집을 살 사람을 찾을 수가 없었지요. 결국 수많은 미국인들이 대출금을 갚지 못하고 두 손을 들고 말았어요. 돈을 갚지 못한 사람들은 은행에 집을 차압당하고 말았어요. 돈을 빌린 사람들뿐만 아니라, 대출을 지나치게 많이 해 주는 바람에 큰 손해를 보게 된 은행들도 하나둘 쓰러졌답니다.

🏠 부동산 투자의 셈법

집을 사는 것이 언제나 좋은 투자일까요? 물론 사람마다 다르겠지요. 젊은 사람들은 직업을 바꾸거나 더 나은 집을 찾기 위해 자주 이사하는 경향이 있기 때문에 집을 빌리는 것이 더 낫습니다.

집을 살 때는 많은 보증금을 내야 하는데, 이 돈을 더 좋은 곳에 투자할 수도 있겠지요. 집을 사면 다른 투자와는 달리, 돈이 필요할 때 팔아서 현금을 마련하는 데 시간이 오래 걸린답니다. 따라서 한 곳에 5년 이상 거주할 계획이 있는 사람에게는 주택을 사는 것이 좋은 투자 전략이 될 수 있습니다. 집을 빌리는 비용은 매년 꾸준히 오르기 때문에 그럴 바에야 대출을 받아 집을 사는 것이 더 나을 수 있어요. 어떤 나라에서는 집을 사면 세금 혜택을 받을 수도 있답니다. 정부가 서민 주거 안정을 위한 정책을 쓰기 때문이에요. 또 어떤 사람들은 세를 놓을 목적으로 집이나 아파트를 사기도 해요. 다른 사람에게 빌려 주어 받는 금액이 집을 사기 위해 받은 대출의 이자보다 더 크다면 이익을 남길 수 있기 때문에, 이것도 투자의 한 방법이 될 수 있지요.

💱 외환 거래에 투자하기

세계 각국의 통화(돈)에 투자하는 것을 외환 거래라고 부릅니다. 외환 거래는 기업이나 금융 기관이 주로 하는 투자 방법이에요. 요즘은 개인들까지 외환 거래를 통해 투자를 하기도 합니다. 국내 통화(원)로 외화(달러, 유로, 위안화 등)를 산 뒤 외화가 국내 통화보다 가치가 높아지면 투자자는 이윤을 얻게 됩니다.

구체적으로 예를 들어 볼까요? 현재 환율이 1달러에 1,000원이라고 생각해 보세요. 즉 1,000원을 내면 1달러를 살 수 있다는 뜻이에요. 만약 여러분이 1,000원을 주고 1달러를 샀는데, 이후 달러 가치가 올라 1달러가 1,200원이 됐다면 어떨까요? 여러분이 가지고 있는 1달러는 이제 1,200원의 가치를 갖게 되어 200원의 수익을 보는 셈이 되지요. 반대로 달러 가치가 떨어져 1달러가 800원이 됐다면 그만큼 손실을 보게 됩니다. 1달러의 가치가 200원만큼 떨어졌기 때문이에요.

외환 투자는 상당한 위험이 있고 정보와 운이 많이 따라야 해요. 섣불리 추측해서 투자했다가는 손해를 보기 쉽습니다.

투자자들이 가진 화폐의 가치가 오르면 수익을 얻을 수 있어요.

📥 상품에 투자하기

우리가 투자할 수 있는 곳으로 채권, 주식, 부동산 시장 이외에 상품 시장도 있습니다. 상품 시장에서 대표적으로 거래되는 것 중 하나가 금이에요. 금은 평화로운 시절은 물론이고 전쟁처럼 불안한 시기에도 쉽게 가치가 떨어지지 않아서 인기가 높지요. 금은 수천 년 동안 거래되어 왔기 때문에 사람들은 그 가치가 언제나 지속될 것으로 생각해요. 하지만 다른 투자 방식과 마찬가지로 금도 가격이 변한답니다. 그래서 가격이 높을 때 잘못 투자하면 큰 손해를 볼 수 있어요.

농산물이나 축산물 역시 흔한 투자 수단이에요. 밀과 옥수수, 돼지, 기름, 커피, 코코아 콩 등 무궁무진한 상품이 시장에서 거래된답니다. 이런 상품들의 거래는 주로 선물 시장에서 이루어져요. 선물이란 미래

상품 시장에서는 돼지와 같은 축산물도 거래합니다.

의 특정 시점에 주고받기로 약속하고 미리 거래하는 것을 말해요. 예를 들어 밀을 거래하는 상품 시장은 우선 밀의 '미래 가격'을 평가하지요. 이 가격을 기준으로 서로 미래의 일정 시점에서 사고팔자는 계약을 합니다. 농산물이나 축산물은 날씨나 수요에 따라 가격이 크게 변할 수 있기 때문에, 사람들은 미래의 가격을 예측해 투자를 하는 것이랍니다.

상품 시장은 상품의 현재 가격을 크게 올리기도 해요. 2000년대 초 사람들은 원유 가격이 크게 오를 것이라 예측해 너도나도 미래에 원유를 거래하겠다는 계약을 했지요. 결국 원유 가격이 폭등하는 결과가 나타났답니다. 내일 원유 값이 오를 것이라는 기대 때문에 오늘 더 비싼 값을 지불하게 된 것이지요.

7. 분산 투자와 복리

경제에서 금융 시장은 인간 몸에 피를 공급하는 심장과도 같아요. 저축하는 사람과 투자하는 사람을 연결시켜 주고, 그 결과 자본과 상품이 만들어지기 때문이에요. 한마디로 경제 전체의 '부'가 증가하는 것이지요. 금융 시장은 경제 전체의 부뿐만 아니라 개인의 부 또한 증진시킵니다.

💰 뚜렷한 목표 세우기

여러분이 저축이나 투자를 한다면 당장 사고 싶은 물건을 살 수는 없습니다. 하지만 곰곰이 생각해 보면 이 돈은 없어지는 것이 아니라 여러분이 평생 동안 쓸 돈을 만들어 줍니다. 얼마나 저축하고 투자해야 하는지는 여러분이 처한 상황과 돈이 필요한 목적, 장차 하고 싶은 일에 따라 달라져요. 그러므로 저축의 목표를 정하고 위험을 얼마나 감수할 수 있는지 미리 생각해본 뒤 여러분 각자에게 알맞은 금융 상품을 선택하는 것이 중요합니다. 예를 들어 앞으로 10년 동안 주택 보증금으로 사용할 돈과 은퇴 이후 50년 동안 노후 자금으로 사용할 돈은 다르게 투자해야 합니다.

그런데 저축과 투자를 할 때는 반드시 알아둬야 할 점이 있습니다. 바로 **분산 투자**와 **복리 이자**의 중요성입니다.

🔺 분산 투자

앞에서 소개했던 우산 회사와 양산 회사 이야기를 떠올려 보세요. 한 기업에만 투자해 생길 수 있는 위험을 줄이기 위해서 여러 기업의 주식에 투자하는 것을 분산 투자라고 합니다. 다양한 투자로 구성된 **포트폴리오**를 만들어 두는 방법도 있지요. 투자의 위험을 완전히 제거하는 방법은 없지만, 분산 투자를 하면 투자 위험을 감소시킬 수 있어요.

> 💵 **한 주식에 헌신하면?**
>
> 기업의 사장이 직원들에게 자사 주식에 투자해서 회사에 대한 헌신을 보여줄 것을 요구하는 경우가 있어요. 하지만 이것은 매우 위험한 투자 전략이에요. 한 회사에 한꺼번에 투자하는 것은 항상 위험이 크기 때문이지요. 게다가 회사가 부도나거나 폐업이라도 할 경우 직원들은 직장을 잃을 뿐만 아니라 투자금도 몽땅 잃게 되거든요.

요즘 투자자들은 주식이나 채권을 포함한 복합적인 금융 상품에 투자해 위험을 줄이려고 노력합니다. 은퇴가 얼마 남지 않은 사람처럼 곧 돈을 찾아서 써야 할 사람들은 비교적 안정적인 채권에 더 많이 투자할 것입니다. 반면 당장 돈이 필요하지 않은 사람들은 위험 부담이 있지만

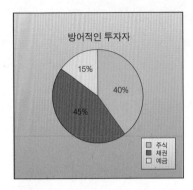

방어적인 투자자

15%
40%
45%

□ 주식
■ 채권
□ 예금

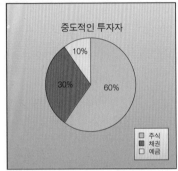

중도적인 투자자

10%
60%
30%

□ 주식
■ 채권
□ 예금

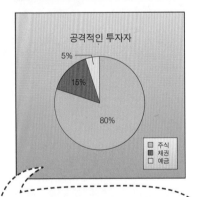

공격적인 투자자

5%
15%
80%

□ 주식
■ 채권
□ 예금

위의 표는 투자자의 성향에 따른 포트폴리오의 차이를 나타냅니다. 공격적인 투자자는 위험성이 크지만 오랜 기간 동안 더 큰 수익을 낼 수 있는 주식에 돈을 투자하고, 방어적인 투자자는 예금이나 채권처럼 보다 안전한 투자를 선호합니다.

오랜 기간 투자했을 때 보상이 큰 주식에 더 집중하겠지요.

분산 투자의 포트폴리오는 투자자의 성향에 따라 달라질 수 있어요. 공격적인 투자자는 모든 자금을 주식에 투자할 것이고, 방어적인 투자자는 반대로 은행 예금이나 적금에 더 많이 투자할 것입니다.

⬆️ 장기 투자

사람들은 여러 개의 금융 상품에 투자하는 것이 최선이라고 생각합니다. 그러나 수익을 얻을 때까지 오랫동안 기다릴 수 있는 사람들에게는 주식이 최고의 투자 방법이기도 해요. 20년 이상 오랜 기간 주식 투자를 하면 다른 어떤 투자에서보다 큰 수익을 올리기도 합니다. 그렇다고 해도 장기간 투자하려 할 때 높은 수익을 내기 위해서는 어떤 주식을 살지 주의 깊게 결정해야 해요. 일단 주식을 샀다면 단기적인 시장의 흔들림에 쉽게 동요하지 않는 마음가짐도 중요하지요.

📋 분산 투자는 왜 필요할까요?

투자자가 다양한 금융 상품으로 포트폴리오를 구성하는 것이 어떻게 손실 위험을 줄인다는 걸까요? 여러분의 이해를 돕기 위해 다시 우산 회사와 양산 회사를 예로 들어 보겠습니다.

가령, 우산 회사의 수익률은 1년 동안 비가 내릴 때 40퍼센트 증가하고 햇볕이 날 때 10퍼센트 줄어든다고 생각해 봅시다. 반대로 양산 회사의 수익률은 햇볕이 내리쬐면 40퍼센트 증가하고, 비가 내리면 10퍼센트 줄어든다고 합시다.

자, 이제 여러분은 1만 원을 투자할 생각이고, 양산 회사의 주식을 사든 우산 회사의 주식을 사든 수익률은 같다고 가정합니다. 만약 1년의 절반, 즉 6개월 동안 비가 내린다면 어떻게 될까요? 우산 회사의 경우 수익률은 1년 내내 비가 내리면 40퍼센트이지만, 6개월 동안 비가 내린다면 절반인 20퍼센트가 됩니다. 여러분이 우산 회사의 주식을 1만 원어치 샀다면, 비가 내리는 6개월은 1만 원의 20퍼센트인 2,000원의 수익을 얻고 나머지 6개월 동안은 500원을 잃습니다. 그래도 1,500원을 벌었으니 15퍼센트의 수익을 낸 셈이 됩니다. 1만 원으로 양산 회사의 주식을 사도 마찬가지입니다. 그러나 한 가지 산업에 돈을 전부 투자한다면 수익률은 예측할 수 없게 됩니다. 1년 내내 햇볕이 날 때 모든 돈을 우산 주식에 투자했다면 우산의 가치는 떨어져서 1년에 10퍼센트의 손해를 고스란히 보게 됩니다. 반대의 경우에도 마찬가지겠지요.

📋 분산 투자로 위험 줄이기

1만 원 가운데 5,000원은 우산 회사에, 5,000원은 양산 회사에 투자한다면 어떨까요? 그러면 날씨가 어떻든 간에 15퍼센트의 수익을 기대할 수 있겠지요. 예를 들어 1년 내내 햇볕이 쨍쨍하다고 해도 양산 회사에서 2,000원을 벌게 되니 우산 회사에서 500원을 잃는다 해도 1,500원의 수익을 기대할 수 있습니다. 반면에 1년 내내 비가 온다고 해도 우산 회사에서 2,000원을 벌고, 양산 회사에서 500원을 잃게 되어 1,500원의 수익을 내는 것은 같습니다. 수익률의 최대치인 2,000원보다는 적지만, 분산 투자를 했기 때문에 날씨에 상관없이 수익을 낼 수 있는 것이지요.

하지만 침체기가 오래 계속된다면 돈을 모두 잃을까 두려워 장기간 투자하기가 쉽지 않습니다. 하지만 미국 주식 시장의 대표적인 다우존스산업평균지수(DJIA)를 보면 장기 투자가 유리하다는 것을 알 수 있어요. 다우존스산업평균지수는 가장 오래된 주가지수 산출방식으로 1884년 미국의 다우존스라는 회사에 의해 처음으로 발표된 주가평균입니다. 이 지수를 보면 2000년에 주식을 사고 10년 동안 보유한 투자자는 엄청난 손해를 본 것으로 나타납니다. 왜냐하면 2000년보다 2009년 주가 수준이 더 낮기 때문이지요.

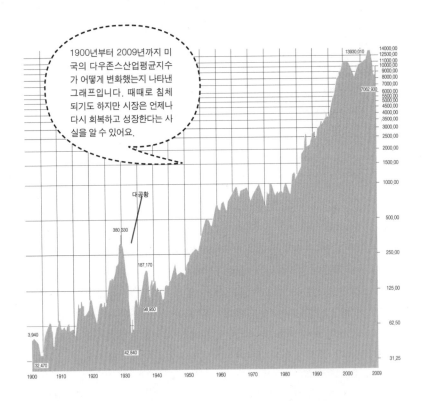

그러나 더 오랜 기간을 두고 주가를 살펴보면 전혀 다른 결과가 나옵니다. 다우존스산업평균지수는 1900년대 초 50포인트 안팎에서 꾸준히 올라 2009년에는 1만 포인트까지 엄청나게 올랐거든요. 2000년대 초에는 시장이 침체한 듯 보였지만, 큰 그림에서 보면 꾸준히 오르는 가운데 잠시 하락한 시점이었다는 것을 알 수 있습니다. 그러나 기다림은 너무나 길게 느껴지기도 해요. 미국의 경우에도 본격적인 경기 침체가 시작되기 직전인 1929년의 주가를 회복하는 데 20년이라는 시간이 걸렸으니까요. 한 치 앞을 알 수 없는 주식 시장에서 20년 동안 기다리는 일은 결코 쉽지 않지요.

🔼 복리 이자

투자에서 이윤을 남기는 것은 매우 중요합니다. 수익을 내기 위해 주식 시장의 마법사라도 되고 싶겠지만 불가능한 일이지요. 되레 시장의 상황에 따라 이리저리 흔들리며 주식 투자를 하다 손실을 내기 일쑤입니다. 아무것도 하지 않고 가만히 있는 것이 가장 좋은 전략이라면 어떨까요? 돈을 일찌감치 투자해 이자를 받으면서 원금 역시 엄청나게 불리는 방법이 있어요. 바로 복리의 힘을 빌리는 것이지요.

복리 이자의 원리는 간단합니다. 적금을 들면 이자가 붙지요. 이렇게 받은 이자를 찾아서 쓰지 않고 재투자 개념으로 두는 것이 가장 중요합니다. 그러면 원금이 더 커지게 되지요. 복리 이자가 반복되면 원금은 눈덩이처럼 불어납니다. 불어난 원금에는 다시 더 많은 이자가 붙습니다. 나이가 든 은퇴자들은 이자를 찾아서 생계비로 쓸 수밖에 없겠지만, 투자 수익을 늘리려는 젊은 사람들은 벌어들인 이자로 재투자하는 복리 이자형 적금을 드는 것이 더 현명할 것입니다.

▶▶▶ 이자에 이자가 붙는다고?

여러분은 예금 계좌의 이자를 쓰지 않고 고스란히 남겨둬 원금을 불릴 수 있습니다. 그렇게 되면 내년에는 원금이 불어나 이자를 추가로 받을 수 있게 되지요. 그 이듬해에도 똑같이 반복하면 이자에 대한 이자를 계속해서 받을 수 있어요. 물론 처음에는 재산이 늘어나는 것을 알아채지 못할 수도 있습니다. 하지만 머지않아 복리 이자가 계속해서 붙게 되고, 이자에 대한 더 많은 이자를 벌게 된답니다.

복리의 마술은 눈 덮인 산 위에서 작은 눈뭉치를 굴리는 것과 비슷해요. 처음에는 눈덩이가 작아서 눈이 많이 달라붙지 않습니다. 눈덩이가 커지는 것도 거의 느낄 수 없을 거예요. 하지만 계속해서 굴리다 보면 점점 더 많은 눈이 달라붙고, 나중에는 처음의 크기보다도 더 큰 눈뭉치가 달라붙습니다. 머지않아 눈덩이는 엄청나게 커지고, 굴러가는 속도도 자연히 빨라지지요.

▶▶▶ 일찍 시작할수록 좋다고?

정기 예금은 늦게라도 시작하는 게 낫지만, 복리 이자를 고려한다면 더 일찍 시작하는 것이 현명합니다. 은퇴 직전에 저축한 돈에는 큰 복리 이자가 붙지 않지요. 하지만 은퇴하기 몇 년 전부터 복리 예금에 돈을 저축하기 시작했다면 은퇴할 시점에는 상당한 양의 돈이 모여 있을 거예요. 산의 아랫자락에서 눈덩이를 굴리기 시작했다면 그 눈덩이는 멈춘 뒤에도 여전히 작을 것입니다. 그러나 산꼭대기에서 굴리기 시작한 눈송이는 아래에 도착했을 때는 엄청나게 커져 있겠지요.

▶▶▶ 복리의 힘

지원이는 탄산음료와 사탕, 과자를 좋아해서 매일매일 사먹곤 했어요. 그러던 어느 날, 과자를 사먹는 대신 용돈을 모아 보기로 결심했지요. 지원이는 열여섯 살이 되는 생일날부터 하루에 500원씩을 투자하기로 했어요.

간식을 먹지 않고 이렇게 매일 500원씩을 모은 결과, 지원이는 일 년에 18만 2,500원을 모을 수 있었습니다. 그리고 열심히 모은 돈을 써 버

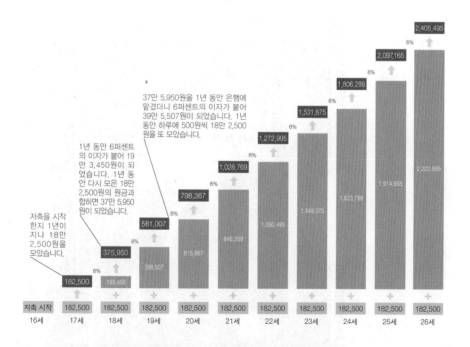

저축을 시작한지 1년이 지나 18만 2,500원을 모았습니다.

1년 동안 6퍼센트의 이자가 붙어 19만 3,450원이 되었습니다. 1년 동안 다시 모은 18만 2,500원의 원금과 합하면 37만 5,950원이 되었습니다.

37만 5,950원을 1년 동안 은행에 맡겼더니 6퍼센트의 이자가 붙어 39만 5,507원이 되었습니다. 1년 동안 하루에 500원씩 18만 2,500원을 또 모았습니다.

리는 대신 열일곱 번째 생일에 연간 6퍼센트의 이자를 복리로 불려주는 금융 상품에 넣었지요.

지원이가 이런 식으로 10년 동안 계속해서 하루에 500원씩을 모은다면, 스물여섯 살이 되는 해에 이 원금은 182만 5,000원이 될 거예요. 여기에 복리 이자까지 더하면 지원이의 돈은 240만 5,500원으로 불어난답니다. 대단하지요?

▶▶▶ 꾸준히 계속하면?

지원이가 스물여섯 살 이후에 평생 동안 저축하는 돈의 가치를 구체적으로 살펴볼까요? 그래프에 나와 있는 것처럼, 스물여섯 살에 얻은 복리 이자는 그리 많지 않아요. 하지만 저축을 계속하고 모든 수익을

간식 같은 소비를 조금 줄이고 투자를 하면 시간이 지날수록 아주 많은 돈을 모을 수 있답니다.

다시 투자한다면 서른여섯 살이 되었을 때 365만 800원을 저축할 수 있고, 복리 이자를 모두 합하면 총액은 671만 3,370원이 됩니다. 이런 식으로 마흔여섯 살까지 투자를 계속하면 원금은 565만 7,500원, 이자까지 합해서 총 1442만 8,118원을 모을 수 있어요. 복리 이자가 마술을 부린 결과이지요.

다시 10년이 흘러 쉰여섯 살이 되었을 때 지원이의 예금액은 730만 원이 되고, 이자를 더하면 총 2824만 4,058원을 모으게 됩니다. 그리고 은퇴했을 무렵인 예순여덟 살이 되면 실제 예금액인 949만 원

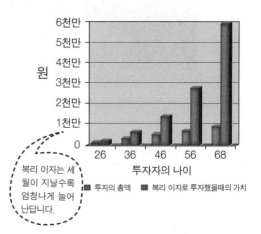

복리 이자는 세월이 지날수록 엄청나게 늘어난답니다.

보다 무려 여섯 배가 넘는 5991만 1,359원을 벌게 됩니다. 단지 간식을 사먹지 않고 하루에 500원씩만 모았을 뿐인데도 복리 이자 덕분에 엄청난 금액으로 불어난 것이지요!

▶▶▶ 지금 말고 나중에 하면 안 될까?

지원이의 사례를 보면 예금을 더 빨리 시작하는 것이 얼마나 중요한지 알 수 있어요. 만약 지원이가 열여섯 살 때부터 저축하지 않고 10년 동안 간식을 매일 사 먹었다면 어떨까요? 물론 10년 늦게라도 시작한다면 아예 하지 않는 것보다는 훨씬 낫겠지요. 하지만 10년이 늦춰지면서 마지막에 받게 되는 돈은 3211만 974원으로 줄어듭니다. 저축 계획을

학교 선생님들은 공무원이기 때문에 은퇴 후에 국가에서 주는 연금을 받습니다.

10년 연기한 대가로 지원이는 은퇴 자금을 2780만 385원이나 적게 받는 셈이 된 것이지요. 그렇기 때문에 저축은 가능한 한 빨리 시작하는 것이 유리하답니다.

🔺연금

연금도 투자의 한 방법이 될 수 있어요. 연금은 회사에서 직원을 대신해 투자하는 펀드로, 직원이 퇴직하면 이 연금을 받게 됩니다. 따라서 연금을 퇴직금의 한 종류로 보면 이해하기 쉬워요. 물론 국가에 특별한 공로가 있거나 군인, 공무원처럼 오랫동안 국가기관에 복무한 사람에게 해마다 주는 돈도 연금이라고 하지요.

연금은 대부분 액수가 정해져 있어요. 시장의 상황에 따라 값이 변하는 소득이 아니기 때문에 개인이 투자하는 것보다 훨씬 안전하지요. 하지만 연금 펀드를 관리하는 회사 측에서 위험한 금융 상품에 투자해 손해를 본다면 연금을 완전히 보장 받기는 어렵답니다.

8. 시장의 불안정성

앞 장에서 지원이는 매일 500원씩을 복리 이자형 적금에 투자했기 때문에 큰 수익을 얻을 수 있었어요. 여기에는 매년 같은 수익을 얻는다는 전제가 깔려 있었지요.

하지만 주식 시장에 투자를 했다면 어떨까요? 주식 시장은 언제나 변하기 때문에 매년 같은 수익을 얻을 수 없어요. 지원이와 똑같이 열여섯 살부터 예순여덟 살까지 52년 동안 주식에 투자를 한다고 해도 수익금을 예측할 수 없습니다. 시장이 상승하면 더 많이 벌 수도 있지만, 반대로 하락하면 훨씬 적게 받을 수도 있어요.

🔺 주식 시장의 상승과 하락

예를 들어, 지원이가 투자한 기간과 똑같은 52년 동안 주식 시장에 투자를 하지만 시장의 변동성이 워낙 심해서 50년 동안 아무런 수익을 보지 못할 수도 있어요. 그렇지만 마지막 2년 동안 시장이 엄청나게 상승해 순식간에 지원이가 복리 상품에 투자해 모은 돈보다 더 큰 수익을 거둘 수도 있지요. 반면에 처음 2년 동안은 시장이 상승해서 수익을 얻다가 나머지 50년 동안 시장이 침체되어 투자 원금조차 지키지 못할 수도 있답니다. 그렇게 되면 같은 돈을 투자하더라도 훨씬 적은 수익을 얻게 되는 셈입니다. 이처럼 주식 시장은 언제 투자하느냐에 따라 수익률이 천차만별입니다.

📈 감정적으로 휩쓸리면?

투자자가 주식에 투자할 때 가장 큰 문제는 감정을 다스리지 못한다는 점입니다. 상승과 하락을 반복하는 주식 시장에서 꾸준히 기다리며 투자하기란 쉽지 않습니다. 감정이 동요해 위험한 결정을 내리기 쉽지요. 그 결과 지원이가 복리 예금으로 벌었던 수익보다 훨씬 더 적은 수

주식 거래소는 가격이 변동할 때마다 흥분한 사람들로 시끌벅적해요.

🔖 '좋은 시기'에 들어가야 한다고?

주식 시장이 당장 어떻게 움직일지는 아무도 모릅니다. 이럴 때는 오히려 느긋한 계획을 가지고 기다리는 편이 낫습니다. 누구나 '좋은 시기'라고 이야기할 때는 투자하기에 좋은 시기가 아니지요. 앞에서도 보았듯이, 주식 투자는 다른 투자에 비해 긴 호흡으로 기다려야 높은 수익을 얻을 수 있기 때문입니다. 따라서 주식 시장이 침체됐을 때 주식을 사는 것이 현명할 수 있습니다. 주식을 싸게 사서 비싸게 팔 수 있는 기회가 그만큼 더 많아지기 때문입니다.

익을 얻을 가능성이 큽니다.

🔼 시장의 공포

주식 시장이 계속해서 하락할 때 사람들이 투자금을 걱정하는 것은 아주 당연한 현상입니다. 투자한 돈의 가치가 점점 낮아지기 때문에 불안해질 수밖에 없지요. 시장의 하락은 회복하기까지 몇 년간 계속될 수 있으며, 완전히 회복하려면 수년이 더 걸릴 수도 있습니다.

그런데 시간이 흘러도 시장이 상승할 기미가 보이지 않는다면 '걱정'은 '공포'로 바뀝니다. 많은 사람들이 주식을 헐값에 팔고 채권이나 예금 등 더 안전한 금융 상품으로 옮겨 가지요. 하지만 사람들이 견디다 못해 주식을 포기하는 때는 대부분 시장이 회복하는 시기일 때가 많습니다.

주식 시장이 다시 상승하기 시작할 때도 마찬가지로 감정에 휘둘려 일을 그르치는 경우가 많습니다. 이미 큰 손실을 입고 주식을 팔아 버린 사람들은 다시 그런 일이 벌어질까 봐 두려워합니다. 그래서 안전한 투자로 옮겨 간 채 겁을 내며 쉽사리 주식에 뛰어들지 못하지요.

하지만 시간이 지나 주식 시장이 계속 오르면 여기저기에서 주식으로 돈을 벌었다는 이야기가 들려오기 시작합니다. 대부분은 허황된 이야기지요. 이제는 안전한 금융 상품에 투자하겠다고 마음을 먹었지만, 머지않아 돈을 잃을지 모른다는 공포감보다 '나만 뒤처져 있다'는 불안감이 더 커지지요. 한참을 머뭇거리다가 더 이상 기회를 놓칠 수 없다며 이미 주가가 최고점이 된 시점에서 다시 뛰어드는 어리석은 행동을 하기도 합니다. 그리고 다시 시장이 하락하면 공포감에 질려 더 이상 버티지 못하고 최저점에서 던져 버려 손실을 입는 일을 반복하는 것이지요. 이렇듯 주식 시장에서 감정에 휩쓸려 행동하면 불행한 결과를 불러올 수 있어요.

🔺 위기를 기회로 바꾸기

나이가 젊을수록 보다 긴 안목을 가지고 투자를 해 나갈 수 있기 때문에, 다양한 금융 상품으로 포트폴리오를 구성해 투자를 시작하는 것이 현명해요. 시장이 하락하는 위기 상황에서도 마찬가지랍니다.

1929년부터 1930년대 초기까지는 경제 대공황 때문에 주식 시장이 연일 폭락해 붕괴하던 때였습니다. 은퇴를 앞두고 있던 사람들에게는 재앙이었지만 젊은이들에게는 좋은 기회가 되기도 했습니다. 아주 적

💵 비이성적인 과열

　1990년대 후반 인터넷이 급격히 발달하면서 벤처기업들이 우후죽순처럼 성장했습니다. 사람들은 새로운 인터넷 회사인 이른바 '닷컴(dot-com)' 회사를 황금알을 낳는 거위로 믿었어요. 그래서 새로운 온라인 사업에 '묻지마'식으로 투자하기 시작했고, 이렇게 생겨난 회사의 주식을 사기 위해 경쟁했어요. 조금이라도 획기적인 아이디어다 싶으면 돈을 쏟아 부어 주식을 샀고, 그 결과 닷컴 회사의 주식 가격은 엄청나게 올랐습니다. 하지만 새로운 아이디어를 들고 나온 회사들 가운데 자본과 경험이 충분하고 실제로 이윤을 낼 수 있는 회사는 많지 않았지요.

사람들이 감정에 휩쓸려 벤처기업의 주식을 마구 사들일 때, 미국 연방준비제도이사회의 앨런 그린스펀 전 의장은 투자자들이 '비이성적인 과열'에 빠져 있다며 우려를 나타냈습니다.

　그런데도 닷컴 회사의 주식 가치는 나날이 높아졌어요. 당시 미국 중앙은행 의장이자 연방준비제도이사회(FRB) 의장이었던 앨런 그린스펀은 투자자들이 현재 시장을 너무 낙관한 나머지 '비이성적인 과열'에 빠져 있다고 꼬집기도 했어요. 사람들이 허황된 꿈에 들떠 시장을 신중하게 살펴보지 못한다는 뜻이에요.

　실제로 얼마 되지 않아 '닷컴 거품'이 터졌습니다. 인터넷 기업의 주식은 끝없이 폭락했고, 어떤 기업은 영원히 사라졌어요. 미국의 '펫츠닷컴(Pets.com)' 같은 기업은 광고에만 수백만 달러를 쏟아 부었다가 자금난에 허덕이게 됐습니다. 영국의 '라스트미니트(Lastminute.com)'은 한때 주당 5파운드(우리 돈으로 약 9천 원)였지만 곧 18펜스(약 300원)까지 떨어졌어요. 이렇게 되자 닷컴 기업에 열광했던 사람들은 비로소 그 기대가 얼마나 부질없는 것이었는지 깨달았답니다.

1929년 미국 자동차 회사 제너럴모터스(GM)의 이사인 존 라스콥은 '레이디스 홈'이라는 잡지와 인터뷰를 했어요. 이 인터뷰에서 라스콥은 매달 15달러씩 20년 동안 주식에 꾸준히 투자한다면 20년 동안 매년 24퍼센트의 수익이 날 것이라고 예상했지요. 그리고 이 기사가 잡지에 실리고 몇 주가 지난 뒤, 미국 역사상 가장 심각한 경제 대공황이 터졌습니다.

뉴욕증권거래소의 다우존스산업평균지수를 보면 이후 3년간 주가는 89퍼센트나 하락했습니다. 라스콥은 인터뷰 때문에 사람들에게 비난을 받았지요. 물론 그의 제안은 너무 낙천적이긴 했지만, 실제로는 효과가 있었습니다.

라스콥의 인터뷰 기사가 나간 뒤 4년간 그의 말대로 매달 15달러씩 주식에 투자했다면, 똑같은 금액으로 미국에서 가장 안전한 정부 채권에 투자한 사람보다 더 나은 수익을 얻었을 것입니다. 꾸준히 20년간 투자했다면 9천 달러의 수익을, 30년간 투자했다면 6만 달러 이상의 수익을 얻었을 것입니다. 실제로 주식에 투자한 금액은 30년 동안 매달 15달러씩으로 총 5,400달러에 불과한데 말이지요. 이는 30년 동안 연 평균 13퍼센트의 수익이 있었음을 의미합니다. 이는 라스콥이 예상했던 연 24퍼센트보다 낮긴 했지만, 주식 시장의 붕괴를 피해 위험이 낮은 정부 채권에 투자했던 사람들이 얻은 수익보다 훨씬 더 큰 것이었지요.

은 돈으로도 주식을 헐값에 살 수 있었고, 은퇴할 때까지 오랜 기간 주식을 보유할 수 있었기 때문이지요.

🔼 금융 시장의 숨은 역할

'돈이 세상을 움직인다'는 말처럼, 금융 시장은 세계 경제를 움직이는 중요한 역할을 합니다. 기업에 자금을 공급하여 원활히 굴러가도록

대공황이 일어나자 수백만 명의 사람들이 직업을 잃고 노숙자가 되기도 했어요.

도와주지요.

　또한 금융 시장은 우리 삶을 풍요롭게 해 줍니다. 기업은 금융 시장에서 자금을 조달받아 공장을 짓고 여러분에게 필요한 물건을 만들어 합리적인 가격에 판매하지요. 여러분이 투자한 돈은 기업이 가치를 창출하는 생산 과정에서 꼭 필요한 윤활유가 된답니다.

🔼 멀리 내다보기

돈을 벌기란 간단하면서도 어려운 일입니다. 어쨌든 여러분이 당장 돈을 쓰고 싶은 마음을 참고 모아야 하니까요. 오늘 여러분이 저축하고 투자한 돈은 해를 거듭하며 불어날 것입니다. 오늘날 투자의 기회는 무궁무진하답니다. 시장의 흐름을 주의 깊게 살펴보며 신중하게 투자를 한다면, 여러분의 돈이 시장과 세상을 움직이고 먼 훗날의 꿈을 이루어 줄 것입니다.

9. 요약

아래의 표는 이 책에서 배운 다양한 투자 방법을 나타냅니다.

다양한 투자 방법

투자 방법	특징
예금	필요할 때마다 언제든 꺼내 쓸 수 있지만 이자율이 높지 않습니다.
적금	일정 기간 동안 돈을 뺄 수 없지만 예금보다 이자율이 큽니다.
채권	정부나 기업이 투자자로부터 자금을 조달하기 위해 발행하는 일종의 차용증서입니다. 투자자는 정해진 기간(만기일)이 되면 원금과 이자를 받을 수 있습니다.
주식	많은 돈을 벌 수 있는 투자 방법이나 한꺼번에 잃을 수도 있습니다.
펀드	사람들로부터 적은 돈을 모아 그 금액으로 여러 곳에 투자해 얻은 수익을 배당금으로 나눠주는 금융 상품입니다.
부동산	주택이나 아파트, 땅 등은 시간이 흐르면서 보통 가치가 오릅니다. 그러나 가격이 비쌀 뿐만 아니라 사고팔 때 세금을 내야 하고 팔리지 않을 땐 돈이 묶여 옴짝달싹 못할 수도 있습니다.
상품 투자 (금, 석유, 밀 등)	세계 정세나 기후 변화가 수요와 공급에 영향을 미쳐 가격이 급등하거나 급락할 수 있습니다.

🔼 위험과 수익의 피라미드

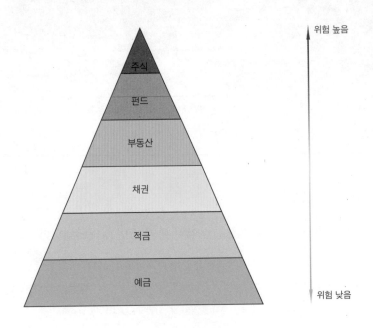

위의 피라미드는 다양한 투자의 위험과 수익을 나타냅니다. 아래쪽의 예금이나 적금의 경우 위험하지 않은 투자 방법이지만, 오랜 기간 투자해도 큰 수익을 얻기 힘듭니다. 대신 위쪽으로 갈수록 위험하지만 오랜 기간 투자했을 때 큰 수익을 남길 수 있는 가능성이 커집니다.

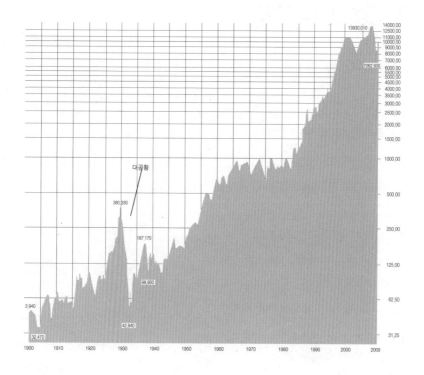

⬆ 주식 시장의 움직임

위의 그래프는 약 100년 동안 미국의 다우존스산업평균지수가 어떻게 변해 왔는지 보여줍니다. 1929년과 1931년 사이의 대공황 기간과 같이 시장이 급락할 때도 있지만, 오랜 시간을 거듭하며 시장은 계속 성장해 왔다는 사실을 알 수 있어요.

시장의 움직임은 꾸준히 성장하는 가운데서도 끊임없이 변덕을 부립니다. 그래프를 보면 안정적으로 오르던 시장이 2000년대 초반에 급락했던 현상도 관찰할 수 있지요.

용어 설명

가격 물건이 지니고 있는 가치를 돈으로 나타낸 것.

가치 재화나 서비스가 지니고 있는 쓸모. 돈은 흔히 가치를 평가하는 단위입니다.

경기 침체 경제 성장이 느려지는 것.

경제 한 국가의 금융 생활을 형성하는 구조.

계좌 이체 현금을 찾지 않고 계좌에 있는 돈을 다른 사람의 계좌로 보내는 일.

공급 기업이 생산한 재화나 서비스를 팔기 위해 시장으로 가져오는 수량.

대출 돈이나 물건 따위를 빌려 주거나 빌림.

모기지 은행이 부동산을 담보로 하여 주택 자금을 장기간 빌려 주는 일.

만기일 투자금을 돌려받을 수 있는 날짜.

배당금 주주에게 지급하는 회사 이윤의 일부분.

변동성 바뀌어 달라지는 성질. 급격하게 변함.

복리 이자 받은 이자를 원금에 더한 합계액에 대한 이자.

분산 투자 여러 기업의 다양한 주식을 보유하여 위험을 줄임.

부채 빚진 돈.

상품 원유와 금, 밀과 같이 거래할 수 있는 품목.

생산자 재화나 서비스를 만들어 내는 사람.

서비스 물질적 재화 이외의 생산이나 소비에 관련한 모든 경제 활동.

소비자 구매자.

손실 투자의 결과 잃은 돈.

수요 소비자가 구매할 의향과 능력이 있는 재화와 서비스의 수량.

수익 투자해서 벌어들인 돈이나 이익.

소득 임금이나 투자에서 얻는 이자 등의 수입.

시장 상품으로서의 재화와 서비스의 거래가 이루어지는 추상적인 영역.

신용 거래한 재화의 대가를 앞으로 치를 수 있음을 보이는 능력.

신용평가 기관 투자 상품의 위험도에 따라 등급을 매기는 기관.

연금 기업이 직원들 대신 적립하는 펀드로, 직원들은 퇴직하면 돈을 받을 수 있다.

예금자 은행에 돈을 맡기는 사람.

위험 예상과 다르거나 손실이 생길 우려가 있음.

이윤 총수입에서 총비용을 빼고 남는 순이익.

이자 돈을 빌려 쓴 대가로 치르는 일정한 비율의 돈.

이자율 원금에 대한 이자의 비율.

자동 이체 공공요금·급여·연금 따위의 지급을 위탁받은 은행, 우체국 등이 정해진 날짜에 예금을 자동으로 출금하는 것.

자산 가치 있는 물건 또는 돈.

저축 쓰지 않고 모은 돈.

정기 예금 특정 기간 동안 일정 금액을 금융 기관에 맡기고 정한 기한 안에는 찾지 아니하겠다는 약속으로 하는 예금.

제품 자동차와 같이 눈에 보이는 상품.

주식 주식회사의 자본을 구성하는 단위.

중앙은행 통화를 관리하고 통화 정책을 실현하는 국가의 주된 은행.

채권 이자를 얻는 투자의 일종으로, 정부나 기업이 돈을 빌리기 위해 발행하는 증권을 일컫기도 합니다.

채무 불이행 되갚는 것을 이행하지 못함.

통화 돈(유통 수단이나 지불 수단으로서 기능하는 화폐).

투자 이윤을 기대하고 금융 상품에 돈을 넣는 것.

투자자 이익을 얻기 위하여 어떤 일이나 사업에 자본을 대는 사람.

펀드 금융 회사가 투자자들을 대신해 여러 종류의 금융 상품을 모아 구성한 투자 상품.

포트폴리오 다양한 투자 대상에 분산하여 자금을 투입하여 운용하는 일.

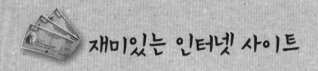

재미있는 인터넷 사이트

[한국은행 경제교육] **어린이 경제마을, 청소년 경제나라**

http://kids.bokeducation.or.kr, http://youth.bokeducation.or.kr

경제의 기본 개념들을 동영상으로 학습하고, 경제 만화나 경제 역사 이야기, 경제 칼럼 등을 보며 자연스럽게 경제에 친숙해집니다. 배운 것을 다시 퀴즈로 풀어 보고 게임으로도 즐기면서 익힐 수 있게 꾸며져 있습니다. 친구들이 궁금해 한 질문과 답변 모음을 보는 코너도 있고 참고할 경제 도서 목록도 있습니다.

기획재정부 어린이·청소년 경제교실 http://kids.mosf.go.kr

기획재정부는 우리 경제 정책을 수립하고 조정하는 중심적인 역할을 수행하고 있습니다. 기획재정부에서 마련한 경제교실 사이트에서는 경제 개념 동영상 강의는 물론 경제학자 이야기, 경제 용어 사전, 경제 실력 알아보기 퀴즈, 경제 뉴스 등 다양한 코너가 마련되어 있습니다.

한국은행 경제통계시스템 http://ecos.bok.or.kr

한국은행이 제공하는 통계 자료를 찾아볼 수 있습니다. 통화 및 금리, 국민 소득, 물가, 국제 수지, 자금 순환, 경기, 기업 경영 분석, 산업 연관 분석 등 경제 각 분야에 걸쳐서 주요 경제 통계를 제공해 줍니다.

금융감독원 금융교육 홈페이지 http://edu.fss.or.kr

금융감독원은 금융 기관에 대한 감사·감독 업무를 수행하는 감독 기관으로 건전한 신용 질서와 공정한 금융 거래 관행을 확립하고 예금자 및 투자자 등 금융 수요자를 보호함으로써 국민 경제의 발전에 기여하려는 목표를 지니고 있습니다. 애니메이션, 동영상 강의, e-book 자료실 등 다양한 방법으로 금융에 관해 배울 수 있습니다.

어린이 경제세상 하나시티 http://www.hanacity.com

하나은행에서 운영하는 어린이 경제 교육 사이트로 오락적 요소를 이용해 경제 이론을 쉽고 재미있게 전달합니다. 가상의 도시 '하나시티'의 시민이 되어 사이버머니 '오디'를 생산, 저축, 소비하는 가운데 경제 생활을 체험해볼 수 있습니다. 또한 어린이가 선호하는 직업군 10종을 선택해 아바타로 키울 수 있어 올바른 직업관을 함께 기를 수 있습니다.

(사)청소년금융교육협의회 http://www.fq.or.kr

청소년금융교육협의회는 청소년들의 금융 교육 저변 확대 및 활성화를 위해 여러 가지 사업을 기획하고 운영하는 비영리 사단법인입니다. 홈페이지에는 만화로 보는 증권시장, 펀드야 방가방가 등 동영상을 통해 투자에 대해 쉽게 배울 수 있는 코너가 있으며, 주말 어린이 경제 교실 등 현장교육도 실시하고 있습니다.

찾아보기

내인생의책은 한 권의 책을 만들 때마다
우리 아이들이 나중에 자라 이 책이 '내 인생의 책'이라고 말할 수 있는 책을 만들고자 합니다.

청소년을 위한
세계경제원론 **02** 금융시장

(원제: Making The Trade: Stocks, Bonds and Other Investments)

애론 힐리 글 | 김시래, 유영채 옮김 | 이지만 감수

초판 인쇄일 2011년 12월 13일 | 초판 발행일 2011년 12월 20일
펴낸이 조기룡 | 펴낸곳 내인생의책 | 등록번호 제10-2315호
주소 서울시 마포구 망원동 385-39 3층 (우)121-821
전화 (02)335-0449, 335-0445(편집) | 팩스 (02)335-6932
전자우편 bookinmylife@naver.com | 홈 카페 http://cafe.naver.com/thebookinmylife
책임편집 오혜림 | 편집 김지연 신유진 손유진 박소란 유정진 | 마케팅 김정옥 신 현 | 디자인 이선영

The Global Marketplace, Making The Trade: Stocks, Bonds and Other Investments
Text: Aaron Healey
© Capstone Global Library Limited 2011
All rights reserved

ISBN 978-89-91813-63-2 44320
ISBN 978-89-91813-66-3(세트) 44320

책값은 뒤표지에 있습니다.
잘못된 책은 구입처에서 바꾸어 드립니다.

이 도서의 국립중앙도서관 출판시도서목록(CIP)은 e-CIP 홈페이지(http://www.nl.go.kr/ecip)에서 이용하실 수
있습니다. (CIP제어번호: CIP2011005346)

책은 나무를 베어 만든 종이로 만듭니다.
그래서 원고는 나무의 생명과 맞바꿀 만한 가치가 있어야 합니다.
그림책이든 문학, 비문학이든 원고 형식은 가리지 않습니다.
여러분의 소중한 원고를 bookinmylife@naver.com으로 보내주시면
정성을 다해 좋은 책으로 만들겠습니다.

청소년을 위한
세계경제원론

이론과 현실을 조화롭게 아우른 생생한 세계경제원론서!

'세계경제'의 시대를 살아갈 우리 청소년들이 경제를 바로 알고, 경제 문제에 현명하게 대처해 나갈 수 있도록 튼튼한 첫 단추를 끼워주고자 이 책을 출간합니다. 25년 경력의 경제 전문 기자가 번역하고 경제·경영 교수가 감수하여 전문성을 담보하였고, 풍부한 사례와 연구 결과로 뒷받침하며 이해하기 쉽게 서술하였습니다.

청소년을 위한 세계경제원론 - 01 경제학 입문

바바라 고트프리트 홀랜더 글 ㅣ 김시래, 유영채 옮김 ㅣ 이지만 감수

수요와 공급에서부터 사업 조직, 대출과 이자, 중앙은행과 정부의 역할, 경제 체제 그리고 무역에 이르기까지 경제학에 대한 개념을 세웁니다.

청소년을 위한 세계경제원론 - 02 금융 시장

애론 힐리 글 ㅣ 김시래, 유영채 옮김 ㅣ 이지만 감수

'투자'의 기능과 함께 금융 시장의 개념과 작동 원리, 예금, 적금, 주식, 채권 등 다양한 투자의 세계를 알아봅니다.

청소년을 위한 세계경제원론 - 03 경제 주기

바바라 고트프리트 홀랜더 글 ㅣ 김시래, 유영채 옮김 ㅣ 이지만 감수

세계금융시장의 역사와 더불어 경제 주기는 어떤 패턴으로 반복되는지, 현재 경제가 호황기인지 불황기인지 판단하는 지표는 무엇인지를 살펴봅니다.

청소년을 위한 세계경제원론 - 04 세계화

데이비드 앤드류스 글 ㅣ 김시래, 유영채 옮김 ㅣ 이지만 감수

시장과 무역의 역사, 세계화가 진행되면 어떤 점이 좋고 나쁜지, 세계화가 노동자와 소비자, 자연환경과 문화에 어떤 영향을 미치는지 조명합니다.